80 recettes

pour votre

Autocuiseur

80 recettes
pour votre
Autocuiseur

Richard Ehrlich

Photos de Will Heap

À Emma

Publié la première fois en Grande-Bretagne en 2011 par Kyle Cathie Limited

Conception de la couverture : Geneviève Laforest
Crédits photo (couverture avant et rabats) : Shutterstock
Crédits photo (couverture arrière) : Will Heap
Traduction : Raymond Roy
Révision : Françoise Major-Cardinal
Correction : Richard Bélanger
Imprimé en Chine

ISBN : 978-2-89642-616-4

Texte © 2011 Richard Ehrlich
Photos © Will Heap
Conception © 2011 Kyle Cathie
© 2012 Éditions Caractère pour la version canadienne en langue française

Les Éditions Caractère reconnaissent l'aide financière du gouvernement du Canada par l'entremise du Fonds du livre du Canada pour leurs activités d'édition.

Visitez le site des Éditions Caractère
editionscaractere.com

table des matières

introduction

Je fais l'impossible pour éviter que les gens s'achètent de nouveaux gadgets de cuisine. Je me permets toutefois de faire une exception pour l'autocuiseur : c'est l'ustensile de cuisine le plus utile qu'on puisse se procurer, peu importe l'équipement dont on dispose déjà.

L'autocuiseur existe depuis des décennies, ce qui explique peut-être son problème d'image : aux yeux de bien des cuisiniers amateurs, c'est, en effet, un appareil archaïque qui renvoie à l'univers de nos mères et grands-mères. Cette perception est partiellement justifiée, mais elle ne devrait pas nuire à la popularité d'une invention remarquable ! L'autocuiseur réduit les temps de cuisson à la moitié, au tiers ou même au quart de leur durée normale. Il permet de concocter en semaine des repas qu'on devrait autrement préparer à l'avance, pendant le week-end, hypothéquant ainsi les heures qu'on préfère consacrer aux loisirs. Et cela, sans aucun compromis sur la qualité.

Si l'autocuiseur cuit les aliments plus rapidement qu'une casserole ordinaire, c'est que la pression possède la propriété d'élever la température d'ébullition de l'eau. L'appareil est muni d'un joint de caoutchouc qui assure l'étanchéité du couvercle, et d'un étrier qui maintient ce dernier fermement en place. Ainsi, la vapeur ne peut s'échapper de la casserole que par la soupape de sûreté. À mesure que la pression monte dans le récipient, parvenant facilement à des valeurs de 15 livres par pouce carré, la température intérieure s'élève et atteint les 125 °C (257 °F) environ. La vapeur ainsi mise sous pression accélère la cuisson par rapport à l'eau bouillante ordinaire.

Avec certains plats, cette diminution du temps de cuisson s'avère une bénédiction. Ce n'est pas toujours le cas, bien sûr. Les aliments cuisant naturellement très vite, le poisson notamment, ne gagnent pas à passer par l'autocuiseur. Toutefois, jamais les braisés, volailles, riz, risottos, haricots et puddings n'auront été préparés aussi vite. La réduction du temps de cuisson représente un avantage aussi bien pour le cuisinier, qui peut concocter ses repas plus rapidement, que pour l'environnement, grâce à une consommation moindre d'énergie.

S'il n'en tenait qu'à moi, toute cuisine serait équipée d'un autocuiseur. Ceux qui n'en possèdent pas devraient sérieusement songer à en faire l'acquisition. Quant aux autres, qui en sont déjà les heureux propriétaires, j'ose espérer qu'ils trouveront dans cet ouvrage une source précieuse d'inspiration.

infos générales

et le risque d'explosion ?

Ne nous racontons pas d'histoires : il est effectivement déjà arrivé, à l'époque où ils étaient plus rudimentaires, que les autocuiseurs projettent des geysers d'aliments au plafond. N'ayant jamais été témoin de tels accidents, je me les explique mal. Cependant, je présume qu'ils se sont produits parce que des cuisiniers ont soulevé le couvercle d'un autocuiseur dont l'intérieur était encore sous pression. Le couvercle se trouvait alors propulsé au plafond, et le plat cuisiné aussi.

Les premiers autocuiseurs étaient certes équipés de soupapes de sûreté qui laissaient s'échapper l'excédent de vapeur une fois la pression voulue atteinte, mais ces dispositifs étaient plutôt primitifs, et leur fonctionnement, laborieux. De nos jours, ceux-ci sont à la fois plus fiables et plus simples, et de multiples dispositifs de sécurité préviennent l'accumulation excessive de vapeur. Cela dit, la soupape de sûreté doit tout de même faire l'objet d'une certaine surveillance, puisqu'il est impératif qu'elle ne s'obstrue pas. Sur le plan de la sécurité, toutefois, il n'y a rien à craindre de l'autocuiseur : il s'agit de suivre attentivement les instructions du fabricant.

échappement de la vapeur

Sur tous les autocuiseurs que j'ai vus et utilisés récemment, le couvercle ne peut être retiré qu'une fois la vapeur évacuée et la pression retombée à un niveau sécuritaire. Comment crée-t-on ces conditions ? Deux méthodes s'offrent à nous. La première consiste à laisser la vapeur s'échapper lentement et naturellement, ce qui nécessite de dix à quinze minutes environ. Suivant la seconde méthode, on ouvre la soupape de sûreté brusquement, provoquant ainsi une détente instantanée de la pression. Cette manœuvre entraîne l'éjection d'un nuage de vapeur très dense qui, correctement orienté, facilitera le nettoyage de la hotte de la cuisinière.

Cette considération n'est bien sûr pas la seule qui détermine si on optera pour l'une ou l'autre des méthodes de détente de la pression. Laisser la vapeur s'échapper lentement à travers la soupape de sûreté fermée prolonge la cuisson des aliments pendant toute la durée de la détente, soit environ cinq minutes, et ce, sans consommation d'énergie aucune, ce qui est excellent pour l'environnement.

Toutefois, la libération lente de la vapeur ne convient pas à tous les aliments. Dans l'autocuiseur, les légumes verts s'attendrissent après quelques minutes seulement ; prolonger la cuisson les réduirait en bouillie. Pour les légumes braisés, par exemple le chou vert frisé proposé à la page 124, cela n'est pas un inconvénient. En fait, pour une cuisson al dente des légumes, il est essentiel de s'en remettre à la détente instantanée. Dans toutes les recettes, j'indique la méthode de détente à suivre.

On peut utiliser la détente instantanée pour d'autres raisons, du moins avec certains plats. Quand une recette exige qu'on ajoute des ingrédients à des aliments partiellement cuits et qu'on poursuive la cuisson, cette méthode évite une perte trop importante de chaleur entre les deux étapes. La détente instantanée permet en outre de vérifier si la cuisson est à point et de la prolonger de quelques minutes s'il le faut, et ce, sans trop perdre de chaleur.

Remarque : on peut aussi accélérer le refroidissement de l'autocuiseur en le plongeant dans l'eau froide. Je n'ai pas encore rencontré de circonstances où le recours à cette méthode s'imposait, et je m'accommode la plupart du temps de la détente instantanée.

remplissage de l'autocuiseur

On doit toujours prendre garde de trop remplir l'autocuiseur, tout comme de ne pas le remplir assez. À cet égard, il est absolument indispensable de *suivre* les instructions qui accompagnent l'ustensile. Une quantité de liquide suffisante évite une évaporation excessive, laquelle provoquerait l'adhérence des aliments au fond de la casserole. Il faut également éviter de trop remplir la casserole d'aliments qui prennent de l'expansion en cuisant, par exemple le riz et les légumineuses. En règle générale, on ne doit pas utiliser l'autocuiseur sans y avoir versé au moins 5 cm de liquide. De plus, les aliments susceptibles de gonfler ne doivent pas dépasser la moitié de la capacité de la casserole. Il s'agit de respecter les consignes du fabricant.

conseils pour l'achat de l'autocuiseur

Plusieurs marques d'autocuiseurs sont offerts sur le marché. Comparer les modèles avant d'arrêter son choix est évidemment souhaitable. Je recommande les appareils qui comportent une fermeture à étrier double plutôt qu'à manche simple et long ; cette particularité rend l'autocuiseur moins encombrant et facilite son maniement. Les autocuiseurs dotés d'un minuteur jumelé à un capteur possèdent également un avantage intéressant : ils préviennent l'utilisateur de l'atteinte de la pression de consigne, et calculent le temps de cuisson.

Cependant, la marque de l'autocuiseur est moins importante que certains principes de base qu'il est impératif de respecter. D'abord, il ne faut pas s'attendre à trouver un appareil bon marché : l'autocuiseur est un ustensile fait d'acier inoxydable de qualité, ce qui a son prix. Ensuite, avant d'acheter, il faut étudier l'appareil en magasin et se renseigner. Enfin, je suggère fortement de ne pas opter pour un petit autocuiseur, même si l'on cuisine rarement pour plusieurs convives. Les plus petits autocuiseurs ont habituellement une capacité de 4 litres, tandis que les plus grands contiennent jusqu'à 6,5 litres. Opter pour la capacité la plus grande. De la sorte, si des invités s'annoncent, on pourra cuisiner des quantités plus importantes.

étuvage

L'autocuiseur est souvent vendu équipé d'un panier cuit-vapeur qui s'adapte au récipient. Si le modèle acheté n'en possède pas, ou si on a besoin de plus d'espace pour mettre des ingrédients ou introduire un bol, on se débrouille en improvisant à l'aide d'une marguerite, d'une petite grille à rôtir ou même d'un couvercle de casserole ou de poêle à frire, à condition qu'il soit entièrement en métal.

notes sur les temps de cuisson et les quantités de liquide à utiliser

La cuisson sous pression diffère des autres méthodes utilisées en cuisine, et elle nécessite un certain apprentissage. Tout autocuiseur est accompagné d'un mode d'emploi qu'il faut lire attentivement. Ceci est d'autant plus important qu'il n'existe pas deux autocuiseurs identiques : les temps de cuisson valables pour un appareil ne s'appliquent pas forcément à un autre.

Dans le doute, ou lorsqu'on en est encore à la phase d'apprentissage, on devrait recourir sans hésiter à la méthode de la détente instantanée pour vérifier que la cuisson est à point. Si celle-ci doit être prolongée, il suffit de fixer le couvercle de l'autocuiseur afin qu'il atteigne de nouveau la pression maximale. Cette opération rapide n'entraîne pas de perte significative de temps ou d'énergie. Avec l'expérience, on en vient à déterminer les temps de cuisson facilement.

Règle de base : mieux vaut plus de liquide que moins. Plus on utilise de liquide, plus la pression de la vapeur augmente et plus les aliments cuisent rapidement. En outre, le liquide récupéré à la fin de la cuisson est très riche en saveurs ; ce qui n'aura pas été consommé sur-le-champ pourra servir à concocter un autre plat savoureux.

que peut-on cuire à l'autocuiseur ?

J'en suis encore à tenter de fournir une réponse précise à cette question ; pour l'instant, il me semble plus pertinent de se demander : qu'est-ce que l'autocuiseur ne peut pas cuire ? Plus je me sers de mon autocuiseur, plus je lui découvre de possibilités. Bien sûr, l'appareil a ses limites. Par exemple, il ne permet pas de donner à la viande une croûte dorée et craquante (il en va de même avec tout milieu de cuisson à la vapeur). Abstraction faite de cette contrainte, la liste des plats que l'on peut cuisiner sous pression est presque illimitée : viandes braisées, légumineuses, certaines céréales et la plupart des légumes. Bien des plats, complexes ou simples, se préparent très aisément à l'autocuiseur. Une fois à l'aise avec l'autocuiseur, on pourra partir à la découverte des nombreuses autres possibilités que ce merveilleux ustensile offre.

une exception regrettable

L'autocuiseur ne réussit malheureusement pas à un aliment en particulier : le poisson. Voir les remarques à ce sujet, page 32.

nettoyage

Nettoyer l'autocuiseur n'est pas sorcier. Une seule précaution s'impose : il est préférable de laver le joint d'étanchéité à la main et d'éviter de le mettre au lave-vaisselle, même si certains modes d'emploi indiquent le contraire. On doit ensuite prendre soin de le remettre en place correctement, autrement la pression ne pourra s'élever.

les soupes, les sauces et les condiments

Même si l'autocuiseur ne servait qu'à la préparation des soupes, son achat serait déjà justifié. Ils semblent avoir été conçus l'un pour l'autre ! Les soupes qui exigent normalement trente minutes de cuisson seront prêtes en moins de cinq minutes dans l'autocuiseur ; la viande qu'on y ajoute, et qui leur donne tellement de saveur, cuira quant à elle en moins de trente minutes, au lieu des heures habituellement requises. Les recettes suivantes comptent parmi mes préférées. Une fois à l'aise avec l'autocuiseur, on peut expérimenter allègrement et les adapter à sa guise. Ce qui s'applique aux soupes vaut également pour les sauces, dont les temps de cuisson se voient considérablement raccourcis. L'autocuiseur permet en outre de confectionner très rapidement des condiments, comme les trois que je propose ici. À table donc !

Cette soupe classique, une recette infaillible, compte sur un des plus fidèles alliés du cuisinier amateur : les petits pois surgelés. Tout congélateur devrait posséder une réserve de petits pois !

Cette soupe se prépare en quelques minutes seulement. Pour lui donner du chic, la décorer de croûtons frits.

soupe aux pois et à la menthe

4 à 6 portions

1 petite pomme de terre (environ 100 g), coupée en morceaux de 1,25 cm environ

3 ½ tasses de petits pois surgelés (500 g)

1 l de bouillon de poulet ou de légumes

¼ tasse de beurre (50 g)

4 c. à table de crème 35 %

les feuilles de 8 à 10 tiges de menthe fraîche hachées finement

sel et poivre noir du moulin

Réunir tous les ingrédients dans l'autocuiseur, à l'exception de la crème et de la moitié des feuilles de menthe. Fixer le couvercle. Une fois la pression maximale atteinte, réduire le feu et poursuivre la cuisson à intensité moyenne pendant 10 minutes. Éteindre le feu et laisser la vapeur s'échapper lentement.

Réduire les légumes en purée au mélangeur ou au robot culinaire. Remettre la préparation dans l'autocuiseur et la garder au chaud jusqu'au moment de servir, ou la laisser refroidir et la réchauffer en temps voulu. Au moment de servir, relever la soupe de poivre du moulin, puis la garnir d'une volute de crème et de la menthe hachée restante.

Bien sûr, cette soupe n'est pas à proprement parler un gaspacho ; cependant, la cuisson des tomates et des poivrons, opération qui exige en tout cinq minutes, fait ressortir la saveur de ces légumes. Rien de mieux pour se faire plaisir en été !

gaspacho cuit

4 portions

- 5 ¾ tasses de tomates rouges bien mûres (1 kg), coupées en deux et parées
- 9 ½ tasses de poivrons rouges épépinés (1 kg) et coupés en deux
- 1 oignon haché finement
- 1 grosse gousse d'ail hachée finement
- 1 petit oignon rouge haché finement
- 1 c. à table de vinaigre de xérès
- environ 2 c. à table d'huile d'olive extra vierge
- la moitié d'un gros concombre, épépiné et coupé en petits dés
- quelques feuilles de coriandre fraîche hachées finement
- sel et poivre noir du moulin
- croûtons frits, en guise d'accompagnement au moment de servir (facultatifs)

Réunir les tomates, les poivrons, l'oignon et l'ail dans l'autocuiseur contenant 100 ml d'eau. Ajouter du sel et une quantité généreuse de poivre noir du moulin. Fixer le couvercle. Une fois la pression maximale atteinte, réduire le feu et poursuivre la cuisson à intensité moyenne pendant 5 minutes. Éteindre le feu et provoquer la détente instantanée de la pression.

Réduire les légumes en purée, au mélangeur ou au robot culinaire. Poser un tamis fin au-dessus d'un bol de service et exercer une forte pression sur la purée, pour en extraire le maximum de liquide. Laisser le liquide recueilli refroidir au réfrigérateur pendant au moins 4 heures. On accélère les choses en plaçant le bol au congélateur.

Entre-temps, faire tremper l'oignon rouge haché dans le vinaigre de xérès pendant au moins 30 minutes (cette opération atténue le goût prononcé de l'oignon).

Une fois la soupe bien froide et prête à servir, y incorporer l'oignon et le vinaigre de xérès, ainsi que l'huile d'olive. Goûter et rectifier l'assaisonnement au besoin. Parsemer la soupe de cubes de concombre et de coriandre. Servir immédiatement. Si on le désire, on ajoute des croûtons de pain blanc frits à l'huile d'olive.

Remarque : si on n'a pas de tomates fraîches sous la main, on peut les remplacer par 4 ½ tasses de tomates en conserve (800 g, soit une conserve environ). Pour jouer avec les couleurs, on utilise des tomates et des poivrons jaunes.

On prépare le bouillon à partir des parures vertes du poireau.

soupe aux poireaux et à la pomme de terre

4 portions

les blancs de 3 ou 4 poireaux de taille moyenne, coupés en tronçons de 1,25 cm environ

1 grosse pomme de terre à cuire au four (environ 250 g), coupée en tranches épaisses de 1,25 cm environ

750 ml de bouillon de poulet (ou d'eau)

5 ou 6 c. à table de crème 35 %

persil, ciboulette ou cerfeuil frais haché, pour la garniture

sel et poivre noir du moulin

Réunir tous les ingrédients dans l'autocuiseur, à l'exception de la crème. Ajouter du sel et du poivre noir du moulin. Fixer le couvercle. Une fois la pression maximale atteinte, réduire le feu et poursuivre la cuisson à intensité moyenne pendant 10 minutes. Éteindre le feu et laisser la vapeur s'échapper lentement.

Réduire les légumes en purée, au mélangeur ou au robot culinaire. Remettre la préparation dans l'autocuiseur et la garder au chaud jusqu'au moment de servir, ou la laisser refroidir et la réchauffer en temps voulu. Servir la soupe garnie d'une volute de crème et de fines herbes fraîches hachées.

Remarque : on peut porter la quantité de liquide à 1 litre ; on obtiendra une soupe plus claire, mais qui nourrira davantage de convives.

Cette soupe peut être faite à base d'autres légumes ou de haricots.

minestrone simple

4 à 6 portions

2 carottes (2 tasses, soit 250 g) coupées en tronçons de 2,5 cm

2 pommes de terre (1 ¾ tasse, soit 250 g) coupées en morceaux de 2,5 cm

3 branches de céleri coupées en tronçons de 2,5 cm

4 grosses gousses d'ail hachées grossièrement

½ c. à thé de sauge séchée

½ c. à thé d'origan séché

1 l de bouillon de poulet ou de légumes

1 ½ tasse de haricots verts (250 g), coupés en tronçons de 2,5 cm

2 tasses de haricots cannellini (400 g), rincés et égouttés

quelques feuilles de basilic frais hachées

3 c. à table d'huile d'olive extra vierge

du parmesan fraîchement râpé, en guise d'accompagnement au moment de servir

sel et poivre noir du moulin

Réunir les carottes, les pommes de terre, le céleri, l'ail, la sauge, l'origan et le bouillon dans l'autocuiseur. Relever la préparation de sel et de poivre noir du moulin. Fixer le couvercle. Une fois la pression maximale atteinte, réduire le feu et poursuivre la cuisson à intensité moyenne pendant 3 minutes. Éteindre le feu et provoquer la détente instantanée de la pression. Ajouter les deux variétés de haricots. Élever de nouveau la pression au maximum et poursuivre la cuisson pendant une autre minute. Au moment de servir la soupe, y incorporer le basilic et l'huile. Laisser les invités ajouter le fromage eux-mêmes.

Si on n'a pas d'oseille, la remplacer par 3 ½ tasses d'épinards
(100 g) et parfumer la soupe du jus d'une demi-lime
immédiatement avant de servir. On peut diluer la soupe en jouant
sur les combinaisons de bouillon et de lait. Cette soupe se sert
autant chaude que froide.

soupe à l'oseille, à la courgette et au concombre

4 portions

la moitié d'un gros
    concombre pelé,
    épépiné et coupé en
    petits dés
une grosse noix de
    beurre
3 ½ tasses de feuilles
    d'oseille (100 g)
    déchiquetées
3 courgettes coupées en
    tranches épaisses
4 oignons verts hachés
    grossièrement
2 ¾ tasses de pommes
    de terre à texture
    farineuse (400 g), par
    exemple des russet
    (aussi appelées idaho),
    pelées et coupées en dés
600 ml de bouillon de
    poulet bien riche
150 à 200 ml de lait,
    de bouillon (ou d'un
    mélange de lait et de
    bouillon), pour diluer
crème sûre pour la
    garniture
ciboulette hachée, pour la
    garniture
sel et poivre noir du
    moulin

Placer le concombre dans une passoire avec 2 c. à thé
de sel environ et bien remuer. Laisser le concombre
égoutter pendant au moins 30 minutes, puis le rincer et
l'éponger à l'aide d'essuie-tout.

Mettre le beurre dans l'autocuiseur et ajouter les
ingrédients restants, à l'exception du lait (ou du bouillon)
qui servira à diluer. Bien relever la préparation de sel et
de poivre noir du moulin. Fixer le couvercle. Une fois la
pression maximale atteinte, réduire le feu et poursuivre la
cuisson à intensité moyenne pendant 5 minutes. Éteindre
le feu et provoquer la détente instantanée de la pression.

Réduire la soupe en purée, au mélangeur ou au robot
culinaire. Si on a l'intention de servir la soupe froide,
la laisser refroidir et la garder au réfrigérateur jusqu'au
moment opportun. Si on préfère la servir chaude,
reverser la soupe dans l'autocuiseur et la réchauffer à
feu doux. Enfin, incorporer à la préparation le lait ou le
bouillon (en jouant sur les quantités selon l'onctuosité
désirée). Garnir la soupe de cubes de concombre, d'une
cuillerée de crème sûre et de ciboulette.

Voici une soupe très polyvalente, faite de ce qu'on a sous la main. On peut la préparer au retour à la maison et, à sa guise, la consommer sur-le-champ ou plus tard (on la laisse alors reposer dans l'autocuiseur). Note : la recette varie légèrement pour un plus grand nombre de convives.

soupe aux haricots express

1 ou 2 portions

1 ou 2 tranches de bacon coupées en petits morceaux

1 conserve de 398 ml de haricots flageolets, cannellini, doliques à œil noir, au choix (400 g)

1 branche de céleri hachée grossièrement

1 carotte hachée grossièrement

1 grosse gousse d'ail hachée finement

1 petit oignon (d'environ 100 g) haché finement

¼ c. à thé de fines herbes séchées, au choix

½ c. à thé de sauce chili moyennement piquante, ou quelques tranches de piment hachées finement

750 ml de bouillon de poulet, si possible maison

persil frais haché, pour la garniture

Chauffer l'autocuiseur, dans lequel on aura versé au moins 5 cm d'eau et installé un panier cuit-vapeur (ou un dispositif semblable). Pendant que l'eau chauffe, préparer tous les ingrédients. Faire revenir le bacon de 3 à 4 minutes dans une poêle antiadhésive, le temps de le dorer légèrement.

Réunir tous les ingrédients dans un bol résistant à la chaleur et pouvant être introduit dans le panier cuit-vapeur : un espace d'au moins 2,5 cm doit être dégagé entre les parois de ce dernier et celles du bol. Fixer le couvercle. Une fois la pression maximale atteinte, réduire le feu et poursuivre la cuisson à intensité moyenne pendant 5 minutes. Éteindre le feu et provoquer la détente instantanée de la pression ; on peut aussi laisser la vapeur s'échapper lentement, auquel cas la soupe restera chaude pendant une bonne vingtaine de minutes.

Déguster la soupe garnie de persil. Si on le désire, écraser une partie des haricots et incorporer la pâte ainsi obtenue dans la soupe pour l'épaissir.

Afin de préparer une soupe pour davantage de convives, il suffit de multiplier les quantités par deux ou par trois (trois étant le maximum sécuritaire) et de faire revenir le bacon directement dans l'autocuiseur. Sans utiliser ni le panier cuit-vapeur ni le bol, ajouter tous les autres ingrédients et faire cuire pendant 5 minutes.

Remarque : du fromage râpé constitue un excellent accompagnement. On en parsème la soupe au goût, juste avant de servir.

Le jarret de porc est une pièce de viande très abordable ; un seul suffit pour relever le goût d'une marmite entière.

Cette soupe consistante, accompagnée de pain croûté, est tout indiquée pour affronter l'hiver. Elle peut aussi être préparée avec l'extrémité d'un jambon désossé (un boucher bien intentionné le vendra pour presque rien) ou un morceau de pancetta.

soupe au chou et au jarret de porc

4 à 6 portions

1 jarret de porc (environ 150 à 250 g)

1 gros chou blanc tranché

2 grosses carottes coupées en quelques morceaux

2 oignons coupés en tranches épaisses

4 gousses d'ail hachées grossièrement

2 branches de céleri coupées en gros tronçons

2 petites pommes de terre, pelées et coupées en tranches épaisses

Placer le jarret de porc dans l'autocuiseur, préalablement rempli d'un litre d'eau. Fixer le couvercle. Une fois la pression maximale atteinte, réduire le feu et poursuivre la cuisson à intensité moyenne pendant 10 minutes. Éteindre le feu et provoquer la détente instantanée de la pression.

Mettre les autres ingrédients dans l'autocuiseur. Fixer le couvercle. Élever de nouveau la pression au maximum, réduire le feu et poursuivre la cuisson à intensité moyenne pendant 10 minutes supplémentaires. Éteindre le feu et provoquer un échappement instantané ou lent de la vapeur, selon le moment du repas. Désosser la viande, l'effilocher ou la couper en petits morceaux ; la remettre dans la soupe au moment de servir.

Un repas préparé à partir d'os : jamais on ne verra de soupe meilleur marché et plus savoureuse. Les os de collier d'agneau sont particulièrement appropriés pour cette recette. Le boucher les offre parfois à ses clients fidèles.

soupe à l'agneau et à l'orge

4 à 6 portions

1 kg d'os d'agneau, si possible du collier
¾ tasse d'orge perlé (150 g)
1 c. à thé d'herbes de Provence ou d'autres fines herbes assorties
4 grosses gousses d'ail
1,5 l de bouillon de Poulet ou de légumes (ou d'eau)
3 ou 4 branches de céleri coupées en tronçons de 1,25 cm, en diagonale
3 ou 4 grosses carottes coupées en tronçons de 1,25 cm, en diagonale
quelques feuilles de persil plat frais
sel et poivre noir du moulin

Réunir les os, l'orge, les fines herbes, l'ail et le bouillon dans l'autocuiseur. Fixer le couvercle. Une fois la pression maximale atteinte, réduire le feu et poursuivre la cuisson à intensité moyenne pendant 25 minutes. Éteindre le feu et provoquer la détente instantanée de la pression. Ajouter les légumes. Fixer le couvercle. Élever de nouveau la pression au maximum, réduire le feu et prolonger la cuisson à intensité moyenne durant 2 minutes supplémentaires. Éteindre le feu et provoquer la détente instantanée de la pression.

Le liquide doit maintenant être dégraissé. Pour ce faire, il existe trois méthodes. La première : laisser la soupe reposer, puis récupérer le gras au moyen d'une louche profonde à long manche. La deuxième : utiliser une saucière à double bec. La troisième : laisser refroidir la soupe et la placer au réfrigérateur toute la nuit (ou jusqu'à ce que le gras ait durci). Briser la plaque de gras en morceaux et jeter ceux-ci (dans la poubelle et non dans l'évier).

Réchauffer la soupe avant de la servir, assaisonner et ajouter le persil.

Remarque : si on souhaite faciliter la tâche aux convives, on désosse la viande avant de servir le plat. Jeter les os et remettre les morceaux de viande dans la casserole. Pour un repas à la bonne franquette, on peut s'abstenir de désosser la viande.

L'autocuiseur permet de préparer une excellente sauce tomate, avec ou sans viande, en à peine plus de temps qu'il n'en faut pour cuire des pâtes à l'eau bouillante. Une seule règle doit être observée : il faut défaire la viande hachée en portions de la taille d'une balle de golf ; sous pression, ces gros morceaux cuisent mieux.

Les quantités indiquées ici donnent beaucoup de sauce, assez pour accompagner 1,5 kg de pâtes alimentaires (environ 3 paquets !). C'est trop pour un seul repas, à moins qu'on reçoive beaucoup de convives. Mieux vaut en faire plus : on congèlera l'excédent afin de préparer un repas vite fait !

ragù improvisé

8 à 10 portions

1 à 2 c. à table d'huile végétale

1 kg de bœuf haché maigre

1 ou 2 oignons de taille moyenne (d'un poids total d'environ 250 g)

6 grosses gousses d'ail écrasées

8 ½ tasses de tomates broyées (1,6 kg, soit approximativement 2 ½ conserves de 796 ml)

2 c. à table de purée de tomates

2 c. à thé de fines herbes séchées assorties, par exemple des herbes de Provence

4 c. à table de vin rouge

¼ tasse de beurre (50 g)

huile d'olive extra vierge, au goût

sel et poivre noir du moulin

Verser dans l'autocuiseur assez d'huile végétale pour bien en recouvrir le fond. Chauffer à feu mi-vif, ajouter le bœuf haché, et le défaire en gros morceaux. Faire revenir la viande en la remuant fréquemment de 5 à 6 minutes, le temps de la saisir. Ajouter les oignons et l'ail, puis cuire de 2 à 3 minutes pour qu'ils commencent à dégager un parfum agréable.

Ajouter tous les autres ingrédients, à l'exception du beurre et de l'huile d'olive. Bien relever la préparation de sel et de poivre noir du moulin. Fixer le couvercle. Une fois la pression maximale atteinte, réduire le feu et poursuivre la cuisson à intensité moyenne pendant 10 minutes. Éteindre le feu et provoquer la détente instantanée de la pression. Retirer le couvercle, rallumer le feu et mettre le beurre dans l'autocuiseur. Faire mijoter la sauce de 5 à 10 minutes afin qu'elle réduise un peu.

Napper les pâtes de sauce et les arroser d'huile d'olive à volonté. Pour un paquet de pâtes (500 g), il faut compter 3 à 4 c. à table d'huile.

Ce potage est un classique de la cuisine française. À la fois riche et facile à préparer, il plaira à tous, même à ceux qui ne sont pas amateurs de chou-fleur. La recette suivante est une adaptation très libre de celle proposée dans *Michael Field's Cooking School.*

potage dubarry

8 portions

¼ tasse de beurre (50 g)

3 c. à table de farine tout usage

1 gros chou-fleur ou 2 petits, parés et séparés en bouquets

900 ml de bouillon de poulet

3 jaunes d'œufs

125 ml de crème 15 %

le jus d'un demi-citron

10 à 12 tiges de ciboulette hachées finement, pour la garniture

sel et poivre du moulin, blanc de préférence

Dans l'autocuiseur, faire fondre le beurre à feu doux. Y incorporer la farine en remuant constamment la préparation, jusqu'à l'obtention d'un roux homogène.

Ajouter le chou-fleur et le bouillon ; les laisser chauffer. Relever la préparation de sel et de poivre blanc si on en a sous la main, pour préserver la blancheur de la sauce. Fixer le couvercle. Une fois la pression maximale atteinte, réduire le feu et poursuivre la cuisson à intensité moyenne durant 3 minutes. Pendant la cuisson, battre les jaunes d'œufs avec la crème. Éteindre le feu et provoquer la détente instantanée de la pression.

Lorsque la pression est suffisamment retombée, retirer le couvercle. Réserver huit bouquets de chou-fleur de belle apparence pour la décoration. Réduire la soupe restante en purée, au mélangeur ou au robot culinaire.

Réchauffer la soupe à feu doux jusqu'à frémissement. Une cuillerée à la fois, incorporer le mélange de jaunes d'œufs et de crème à la préparation, en la remuant constamment. Une fois les jaunes d'œufs incorporés et la soupe bien chaude, la servir immédiatement en garnissant les bols d'un bouquet de chou-fleur et de ciboulette.

Selon les piments choisis, ce condiment peut devenir incroyablement piquant. Si on a le palais sensible, on a intérêt à rechercher les variétés les plus douces. Se renseigner avant d'acheter. Un gastronome averti en vaut deux !

La sauce proposée ici est un condiment tout usage, qui accompagne non seulement les plats de viande et de volaille, mais aussi les charcuteries et le fromage.

condiment au piment

4 à 6 portions

- 1 ¾ tasse de piments verts (150 g), épépinés si on le désire, hachés finement
- 2 petits poivrons verts, épépinés et coupés en tranches
- 1 petit oignon (d'environ 100 g) haché grossièrement
- 4 grosses gousses d'ail hachées finement
- ½ c. à thé de cumin moulu
- ½ c. à thé de graines de coriandre
- ½ c. à thé de moutarde noire en grains
- 2 capsules de cardamome verte
- 1 c. à thé de sel
- 2 c. à table d'huile végétale
- sel et poivre noir du moulin

Chauffer l'autocuiseur, dans lequel on aura préalablement versé au moins 5 cm d'eau et installé un panier cuit-vapeur (ou un dispositif semblable). Réunir tous les ingrédients dans un bol résistant à la chaleur et pouvant être introduit dans l'autocuiseur : un espace d'au moins 2,5 cm est nécessaire entre les parois de ce dernier et celles du bol. Bien remuer les ingrédients, puis ajouter du sel et du poivre noir du moulin. Fixer le couvercle. Une fois la pression maximale atteinte, réduire le feu et poursuivre la cuisson à intensité moyenne, pendant 5 minutes pour obtenir des légumes croquants, ou de 7 à 8 minutes pour des légumes plus tendres.

Ce condiment se conserve une semaine au réfrigérateur.

J'ai élaboré ce condiment pour accompagner les hamburgers cuits sur le gril, mais ses saveurs se marient avec toute viande rouge.

condiment à la tomate et aux câpres

4 à 6 portions

3 ½ tasses de tomates cerises bien mûres (500 g), coupées en deux ou en quatre

2 grosses gousses d'ail hachées finement

½ piment rouge haché finement (facultatif)

½ c. à thé d'origan séché

1 c. à table d'huile végétale

1 c. à table de ketchup

2 c. à thé de câpres hachées grossièrement

sel et poivre noir du moulin

Chauffer l'autocuiseur, dans lequel on aura préalablement versé au moins 5 cm d'eau et installé un panier cuit-vapeur (ou un dispositif semblable). Réunir les tomates, l'ail, le piment (si on en met), l'origan, l'huile, le ketchup et la moitié des câpres dans un plat résistant à la chaleur et pouvant être introduit dans l'autocuiseur : un espace d'au moins 2,5 cm doit être dégagé entre les parois de ce dernier et celles du plat. Bien remuer les ingrédients, puis ajouter du sel et du poivre noir du moulin. Fixer le couvercle. Une fois la pression maximale atteinte, réduire le feu et poursuivre la cuisson à intensité moyenne, pendant 5 minutes pour obtenir des légumes croquants, ou de 7 à 8 minutes pour des légumes plus tendres. Éteindre le feu et provoquer la détente instantanée de la pression.

Lorsqu'on peut ôter le couvercle, retirer le bol de l'autocuiseur et incorporer les câpres restantes à la préparation. Ne pas servir froid ; les saveurs se révéleront davantage à température ambiante.

Ce condiment se conserve une semaine au réfrigérateur.

Un accompagnement piquant et savoureux pour le poisson, le poulet ou les légumes grillés. Si on n'a pas de fines herbes fraîches à portée de main, les remplacer par ½ c. à thé d'herbes séchées.

condiment à la courgette et à la lime

4 à 6 portions

2 grosses gousses d'ail hachées finement

1 échalote française hachée finement

4 ¼ tasses de petites courgettes (500 g), épépinées et hachées

une tige de thym ou une tige d'estragon frais haché finement

le jus et le zeste râpé d'une lime (davantage de jus au besoin)

2 c. à table d'huile d'olive extra vierge

sel et poivre noir du moulin

Chauffer l'autocuiseur, dans lequel on aura préalablement versé au moins 5 cm d'eau et installé un panier cuit-vapeur (ou un dispositif semblable). Réunir tous les ingrédients à l'exception de l'huile d'olive dans un bol résistant à la chaleur et pouvant être introduit dans l'autocuiseur : un espace d'au moins 2,5 cm doit être dégagé entre les parois de ce dernier et celles du bol. Bien remuer les ingrédients, puis ajouter du sel et du poivre noir du moulin. Fixer le couvercle. Une fois la pression maximale atteinte, réduire le feu et poursuivre la cuisson à intensité moyenne, pendant 5 minutes pour obtenir des légumes croquants, ou de 7 à 8 minutes pour des légumes plus tendres. Éteindre le feu et provoquer la détente instantanée de la pression.

Lorsque la préparation est cuite, laisser refroidir et ajouter l'huile. Faire un test de goût. Pour un goût de lime plus prononcé, ajouter une cuillerée à thé de jus ou davantage. Ne pas servir froid ; les saveurs se révéleront davantage à température ambiante.

Ce condiment se conserve 3 ou 4 jours au réfrigérateur.

le poisson

De tous les groupes d'aliments, le poisson est celui qui se prête le moins à la cuisson à l'autocuiseur. Non pas que la chose soit impossible, mais il n'existe pas de motifs valables de le faire, et ce, pour deux raisons. La première : le poisson cuit très rapidement. L'avantage de la vitesse ne pèse donc pas lourd ici. La deuxième : habituellement, la chair du poisson est maigre et plutôt délicate. Elle requiert une cuisson minutieuse — le temps de lire ce paragraphe est suffisant pour lui être fatal ! Or, l'autocuiseur ne permet justement pas d'observer les aliments pendant leur cuisson.

Ceci ne signifie pas que l'autocuiseur ne soit d'aucune utilité dans la préparation des poissons et fruits de mer. En fait, deux produits de la mer supportent bien la cuisson sous pression. Les premiers sont les grands céphalopodes, par exemple le poulpe (pieuvre), la seiche et les grands calmars, qui peuvent être accommodés en ragoût. Ces mollusques cuisent beaucoup plus rapidement dans l'autocuiseur que dans la casserole classique, soit en quinze minutes au lieu des quarante minutes habituelles (qui s'étirent parfois et dépassent l'heure). On les cuit en gros morceaux, dans une eau parfumée d'ail, de laurier et de persil. Puis on sert avec la sauce de son choix. Les poissons apprêtés en ragoûts et en soupes constituent la seconde grande catégorie de plats que l'on peut préparer à l'autocuiseur. Il suffit d'utiliser un peu plus de liquide.

La préparation de ce bouillon exige une cuisson assez brève des légumes ; on y ajoute le poisson à la fin pour qu'il mijote.

fumet de poisson

La préparation du fumet de poisson nécessite peu de temps, contrairement à celle du fond de volaille ou de viande : sa cuisson est une question de minutes plutôt que d'heures. Si l'on prépare un ragoût de poisson comme celui proposé ici et qu'on achète du poisson non paré, on conserve les arêtes en vue de la confection du fumet. Remarque : il n'y a pas d'inconvénient à ce que le bouillon soit trouble, car le ragoût lui-même l'est.

Bien rincer les arêtes (y compris la tête) pour les nettoyer de toute trace de sang. Les placer dans l'autocuiseur avec une gousse d'ail, un petit oignon (coupé en deux), une feuille de laurier et un bouquet garni. Si on ne compose pas le bouquet soi-même, ajouter quelques feuilles de persil frais. Recouvrir les ingrédients d'eau en prenant soin de ne pas remplir l'autocuiseur plus qu'au deux tiers. Fixer le couvercle. Une fois la pression maximale atteinte, réduire le feu et poursuivre la cuisson à intensité moyenne pendant 5 minutes. Éteindre le feu et laisser la vapeur s'échapper lentement. Passer le bouillon au tamis, en sachant qu'il sera moins clair que celui produit par une cuisson classique.

Voici un exemple de ragoût de poisson, ici d'inspiration vaguement méditerranéenne. On adaptera les autres recettes selon les instructions suivantes.

ragoût de poisson au beurre de safran et de piment

3 ou 4 portions

2 petites carottes (environ 200 g), coupées en tronçons de 2,5 cm

1 petite pomme de terre (d'environ 100 g) hachée grossièrement

3 branches de céleri coupées en tronçons de 2,5 cm

1 tasse de haricots verts (200 g), coupés en tronçons de 2,5 cm

4 grosses gousses d'ail hachées grossièrement

½ c. à thé de sauge séchée

½ c. à thé d'origan séché

750 ml d'eau, de fumet de poisson ou de bouillon de légumes

650 g de poisson en morceaux, sans les arêtes

quelques feuilles de persil frais hachées grossièrement, pour la garniture

Pour le beurre :

¼ tasse de beurre ramolli (75 g)

1 petit piment rouge, épépiné et haché finement

une bonne pincée de brins de safran émiettés

sel et poivre noir du moulin

Préparer le beurre au moins deux heures avant le reste de la recette. Dans un bol, bien saler et poivrer le beurre ; y incorporer le piment et le safran. Bien battre le mélange. Couvrir et réfrigérer.

Réunir les carottes, la pomme de terre, le céleri, les haricots, l'ail, la sauge, l'origan, l'eau ou le bouillon dans l'autocuiseur. Ajouter du sel et du poivre noir du moulin. Fixer le couvercle. Une fois la pression maximale atteinte, réduire le feu et poursuivre la cuisson à intensité moyenne pendant 3 minutes. Éteindre le feu et provoquer la détente instantanée de la pression. Ajouter le poisson et le beurre pimenté à la préparation, et poursuivre la cuisson sans pression de 4 à 5 minutes, ou jusqu'à ce que le poisson soit à point. Garnir le ragoût de persil et le servir immédiatement.

la viande

L'autocuiseur est un des meilleurs ustensiles jamais inventés pour la cuisson des viandes telles que le bœuf, le porc et l'agneau. La viande n'y acquiert pas de croûte dorée et craquante, mais ceci est un inconvénient mineur compte tenu des nombreux avantages qu'offre l'autocuiseur, manifestes au point de vue des braisés, des ragoûts ou des plats à l'étouffée. Avec la méthode classique, ces plats délicieux nécessitent des heures de cuisson, mais grâce à l'autocuiseur, ils sont prêts en aussi peu de temps que vingt-cinq minutes. On a désormais le temps, le soir en rentrant chez soi, de préparer un ragoût, à partir d'un morceau des plus coriaces, et ce, avec un minimum de peine.

De nombreux plats à base de viande peuvent être préparés à l'aide de l'autocuiseur : pochage, soupes-repas, viande destinée aux sandwiches et aux salades... Et rien n'empêche d'y cuire la viande dans un bouillon aromatisé, puis de lui donner une croûte craquante à la poêle. En fait, il existe sans doute des dizaines d'autres possibilités que je n'ai pas eu la chance d'explorer encore, mais que je suis impatient de découvrir.

Voici ma recette de base pour les braisés. Elle est extraordinairement rapide et facile à réaliser. Si on dispose de quelques minutes de plus, on inclut les légumes d'accompagnement dans l'autocuiseur. Toutefois, lorsque la paresse prend le dessus ou que le temps presse, on se contente de cuisiner le bœuf dans l'autocuiseur et de préparer un plat d'accompagnement.

mon bœuf braisé

2 portions

2 ou 3 c. à table d'huile végétale

600 g de bœuf à braiser, partagé en quatre

1 tête d'ail séparée en gousses non pelées

2 carottes coupées en quatre

2 branches de céleri coupées en quatre

1 ¾ tasse de pommes de terre assez petites (250 g), non pelées et coupées en deux

2 c. à thé de farine

2 c. à thé de brandy

2 tasses de tomates concassées (400 g, soit les deux tiers d'une conserve de 796 ml)

2 c. à thé de vinaigre de vin rouge

1 c. à thé de fines herbes assorties, par exemple des herbes de Provence

450 ml de vin rouge

sel et poivre noir du moulin

Verser dans l'autocuiseur assez d'huile végétale pour en recouvrir le fond. La chauffer à feu mi-vif. Saisir le bœuf quelques minutes de chaque côté, afin de le colorer. Procéder en deux étapes.

Verser l'excédent d'huile hors de l'autocuiseur et poursuivre la cuisson à feu doux. Ajouter 1 c. à table d'huile, l'ail, la carotte, le céleri et les pommes de terre. Remuer le tout énergiquement, en grattant le fond de l'autocuiseur pour en détacher les résidus dorés. Ajouter la farine en remuant les ingrédients, jusqu'à ce qu'elle commencer à se colorer. Incorporer le brandy à la préparation et la laisser grésiller quelques instants. Remettre le bœuf dans l'autocuiseur, élever le feu, puis ajouter les tomates, le vinaigre, les fines herbes, le vin et les assaisonnements. Fixer le couvercle. Une fois la pression maximale atteinte, réduire le feu et poursuivre la cuisson à intensité moyenne pendant 25 minutes. Éteindre le feu et laisser la vapeur s'échapper lentement.

Si on le souhaite, on réduit le bouillon de braisage pour en concentrer les saveurs : retirer tous les ingrédients solides de l'autocuiseur et laisser frémir le liquide pendant 5 minutes environ. Ensuite, remettre la viande et les légumes dans la casserole.

Remarque : on ne doit pas servir la carotte et le céleri. Leur rôle ne consiste qu'à aromatiser l'ensemble du plat ; au terme de la cuisson, ils seront devenus extrêmement mous.

Si l'on souhaite servir le ragoût accompagné de légumes présentables, ajouter quelques branches de céleri et des carottes à la recette. Laisser cuire le bœuf et les légumes 25 minutes. Éteindre le feu et provoquer la détente instantanée de la pression. Ajouter les morceaux de céleri et de carotte supplémentaires, et fixer le couvercle de nouveau. Une fois la pression maximale atteinte, réduire le feu et poursuivre la cuisson à intensité moyenne pendant 5 minutes. Avant de servir le plat, en retirer les légumes trop cuits.

Voici un plat parfait pour l'été, quand des amis s'invitent et qu'on n'a pas le temps de cuisiner. Servir ce bœuf accompagné de salsa *verde* (voir page 77); tout le monde se régalera! Les quantités indiquées ici suffisent pour six personnes et laisseront de généreux restes.

bœuf poché aux légumes

6 portions

1 morceau de culotte ou de gîte à la noix de bœuf (environ 1,5 kg)

1,5 l d'eau

1 ou 2 cubes de bouillon de légumes

2 grosses gousses d'ail

5 grains de poivre noir

un bouquet garni ou 1 c. à thé de fines herbes séchées assorties

1 poireau ou 1 oignon (200 g) coupé en deux

2 branches de céleri coupées en deux

2 carottes coupées en deux

quelques tiges de persil frais

environ 13 tasses de macédoine (soit 1,5 kg de légumes tels que céleri, fenouil, poireaux, carottes et pommes de terre nouvelles, coupés en dés)

sel et poivre noir du moulin

salsa *verde*, câpres ou moutarde, en guise d'accompagnement au moment de servir

Réunir tous les ingrédients dans l'autocuiseur à l'exception de la macédoine. Fixer le couvercle. Une fois la pression maximale atteinte, réduire le feu et poursuivre la cuisson à intensité moyenne pendant 30 minutes. Éteindre le feu et provoquer la détente instantanée de la pression. Dès qu'on peut ôter le couvercle, passer le contenu de l'autocuiseur au tamis et en retirer les légumes. Remettre la viande et le liquide tamisé dans la casserole.

Ajouter la macédoine. Relever la préparation de sel et de poivre noir du moulin. Fixer le couvercle. Une fois la pression maximale atteinte, réduire le feu et poursuivre la cuisson à intensité moyenne pendant 5 minutes. Découper le bœuf en tranches de 1,25 cm, disposer celles-ci dans une assiette de service et ajouter les légumes. Servir le bœuf accompagné de condiments divers : salsa *verde*, câpres, moutarde, etc.

Voici une recette tirée de l'une des bibles du carnivore convaincu, *Charcuterie and French Pork Cookery* de Jane Grigson. Comme il s'agit d'un mets plutôt riche, il convient bien à une réception. Et, selon les dires mêmes de Jane Grigson, à l'instar de bien des plats du genre, il est « meilleur le lendemain, réchauffé ».

jarret de bœuf en daube

8 portions

750 g de flanc de porc coupé en morceaux

750 g de jarret de bœuf coupé en morceaux

farine tout usage, assaisonnée de sel et de poivre noir du moulin

2 ou 3 c. à table d'huile végétale, pour saisir la viande

3 gros oignons coupés en tranches épaisses

300 ml de bouillon

300 ml de vin rouge

3 baies de genièvre écrasées

1 feuille de laurier

2 grosses gousses d'ail hachées finement

1 c. à thé de thym séché

1 c. à thé de romarin séché

Rouler la viande dans la farine assaisonnée et en secouer l'excédent. Recouvrir le fond de l'autocuiseur de 1 ou 2 c. à table d'huile végétale, et la chauffer à feu mi-vif. Saisir les morceaux de viande de chaque côté. Traiter ainsi tous les morceaux de viande.

Verser l'excédent d'huile hors de l'autocuiseur et poursuivre la cuisson à feu doux. Ajouter 1 c. à table d'huile. Colorer les oignons légèrement en les remuant constamment. Ajouter un peu d'eau, bien gratter le fond de l'autocuiseur pour en détacher les sucs qui y adhèrent, puis verser le bouillon et le vin. Pendant que le contenu de l'autocuiseur bout, ajouter la viande et les aromates.

Fixer le couvercle. Une fois la pression maximale atteinte, réduire le feu et poursuivre la cuisson à intensité moyenne pendant 25 minutes. Éteindre le feu et provoquer la détente instantanée de la pression. Vérifier la tendreté de la viande en la piquant à la fourchette. Cette dernière devrait pénétrer aisément, et la viande, se défaire facilement. Au besoin, prolonger la cuisson sous pression durant 5 minutes.

On sert ce plat immédiatement s'il le faut, mais il sera encore meilleur le lendemain. Le riz, les pommes de terre et éventuellement le chou braisé (voir page 117) constituent de bons accompagnements.

Voici à ma connaissance une des meilleures façons de cuisiner cette coupe de bœuf des plus goûteuses et des plus abordables. C'est le plat préféré de mon épouse, et je tends à partager son goût. Demander au boucher des tranches déjà désossées et envisager l'achat du jarret au complet, car il se congèle très bien. Remarque importante : conserver le liquide de cuisson en vue de la préparation d'une soupe.

jarret de bœuf
et sa sauce à l'orientale

4 portions

environ 750 g de jarret de bœuf coupé en cubes de 2,5 cm

1 couronne d'anis étoilé

1 morceau de 2,5 cm de gingembre frais, pelé

1 grosse gousse d'ail pelée

quelques feuilles de coriandre fraîche, pour la garniture

Pour la sauce :

6 c. à table de sauce soya

3 c. à table de vinaigre de vin rouge

1 c. à thé de *nam pla* (sauce de poisson thaïlandaise)

1 c. à table d'huile végétale

1 c. à thé d'huile de sésame

2 oignons verts tranchés finement

1 grosse gousse d'ail hachée finement

1 petit chili, épépiné si on le désire, haché finement

Mettre le bœuf dans l'autocuiseur avec un litre d'eau, l'anis étoilé, le gingembre et l'ail. Fixer le couvercle. Une fois la pression maximale atteinte, réduire le feu et poursuivre la cuisson à intensité moyenne pendant 15 minutes. Éteindre le feu et laisser la vapeur s'échapper lentement. Entre-temps, préparer la sauce en mélangeant tous les ingrédients dans un bol de service.

Au moment de servir, retirer la viande de l'autocuiseur. La couper en bouchées ou l'effilocher. Garnir le plat de coriandre, et le servir accompagné de riz nature, en présentant la sauce à part.

Remarque 1 : on peut aussi faire cuire le bœuf 20 minutes et procéder à la détente instantanée de la pression. Si on opte pour cette méthode, on garde la viande au chaud dans une partie du jus de cuisson pendant qu'on cuit le riz à l'autocuiseur (voir page 96).

Remarque 2 : découper le bœuf en tranches en accélère la cuisson. Si on prévoit présenter la viande en un seul morceau, prolonger la cuisson de 10 à 15 minutes.

Voici un pain de viande à la fois simple et élaboré.

pain de viande

6 à 8 portions

750 g de bœuf ou d'agneau haché
    maigre
1 tranche épaisse de jambon cuit,
    avec son gras, hachée finement
1 oignon (environ 150 à 200 g)
    haché finement
1 petite courgette hachée finement
1 petite carotte hachée finement
1 branche de céleri hachée finement
1 ¼ tasse de riz cuit ou de chapelure
    fraîche (250 g)
quelques feuilles de persil hachées
    finement
1 c. à table de fines herbes séchées
    assorties, par exemple des herbes
    de Provence
¼ tasse de beurre (50 g)
2 œufs battus légèrement
sel et poivre noir du moulin

Dans un grand bol, mélanger tous les ingrédients à la main. Ajouter du sel et du poivre noir du moulin. Chauffer l'autocuiseur, dans lequel on aura préalablement versé au moins 5 cm d'eau et installé un panier cuit-vapeur (ou un dispositif semblable). Déposer la préparation dans un moule à soufflé (ou un contenant similaire) pouvant être introduit dans l'autocuiseur : un espace d'au moins 2,5 cm doit être dégagé entre les parois de celui-ci et celles du moule. Tasser la préparation puis placer le moule dans l'autocuiseur. Fixer le couvercle. Une fois la pression maximale atteinte, réduire le feu et poursuivre la cuisson à intensité moyenne pendant 25 minutes. Éteindre le feu et laisser la vapeur s'échapper lentement. (Si on le désire, on fait ensuite dorer le dessus du pain de viande sous le gril.)

Trancher le pain de viande avec précaution si on le sert chaud, car il sera alors un peu friable. Si on préfère le servir froid ou à température ambiante, le laisser refroidir sous une assiette ou un poids quelconque afin d'en affermir la texture.

Ce plat est vraiment savoureux. Si on aime manger très piquant, ajouter un autre piment.

pain de viande à l'orientale

4 portions

1 petit oignon (d'environ 50 g)
    haché finement
2 tranches minces de gingembre
    frais, pelées et hachées finement
1 petit piment rouge, épépiné si
    on le désire, haché finement
1 grosse gousse d'ail hachée finement
1 c. à table d'huile végétale
2 c. à thé de *nam pla* (sauce de
    poisson thaïlandaise)
2 c. à thé de vinaigre de vin rouge
1 c. à table de sauce soya
1 petite poignée de riz cuit ou de
    chapelure fraîche
quelques feuilles de coriandre
    fraîche hachées finement
450 g de porc, de bœuf ou d'agneau
    haché maigre, ou un
    mélange des trois viandes

Dans une petite casserole ou un bol allant au micro-ondes, réunir l'oignon, le gingembre, le piment, l'ail, ainsi que l'huile végétale. Chauffer la casserole à feu doux sur la cuisinière, ou mettre le bol quelques minutes au micro-ondes, afin que ramollissent les ingrédients. Ajouter la sauce de poisson, le vinaigre et la sauce soya, puis laisser refroidir la préparation.

Chauffer l'autocuiseur, dans lequel on aura préalablement versé au moins 5 cm d'eau et installé un panier cuit-vapeur (ou un dispositif semblable). Mélanger tous les ingrédients dans un plat de taille moyenne allant au four et pouvant être introduit dans l'autocuiseur : un espace d'au moins 2,5 cm doit être dégagé entre les parois de ce dernier et celles du plat. Tasser la préparation, puis placer le plat dans l'autocuiseur. Fixer le couvercle. Une fois la pression maximale atteinte, réduire le feu et poursuivre la cuisson à intensité moyenne pendant 15 minutes. Laisser la vapeur s'échapper lentement. (Si on le désire, on fait ensuite dorer le dessus du pain de viande sous le gril.)

La queue de bœuf est une pièce idéale pour la cuisson sous pression. Savoureuse mais coriace, elle fondra dans la bouche après ce traitement.

Si la viande est très grasse, couper la majeure partie du gras — mais pas complètement, question de donner un maximum de saveur au plat.

queue de bœuf braisée à la bière

4 à 6 portions

environ 2 c. à table d'huile végétale

2 kg de queue de bœuf, nettoyée de son gras au besoin

1 gros oignon tranché

3 ou 4 gousses d'ail non pelées

1 feuille de laurier

1 c. à thé d'herbes de Provence ou d'autres fines herbes assorties

1 c. à thé de farine tout usage

660 ml de bière (de n'importe quel type sauf *lager*)

Chauffer l'huile végétale dans l'autocuiseur ou dans une poêle. Faire revenir la queue de bœuf quelques morceaux à la fois, en veillant à colorer tous les côtés de la viande. Ne pas se faire de souci si la chair n'est pas saisie uniformément. Réserver la viande hors de l'autocuiseur. Ajouter un peu d'huile au besoin et colorer l'oignon ; quelques minutes suffiront.

Réunir tous les ingrédients dans l'autocuiseur et fixer le couvercle. Une fois la pression maximale atteinte, poursuivre la cuisson à intensité moyenne pendant 25 minutes, puis éteindre le feu et laisser la vapeur s'échapper lentement. Dès qu'on peut retirer le couvercle, tester le degré de cuisson de la viande en goûtant un morceau. Si la viande ne fond pas dans la bouche, prolonger la cuisson de 5 minutes. Servir la queue de bœuf accompagnée de purée de pommes de terre, un délice avec le jus de cuisson.

longe de porc

La longe de porc débitée en petits morceaux se prête merveilleusement bien à la cuisson sous pression. Elle cuit rapidement et satisfera aussi bien un couple qu'un grand groupe. Je propose donc quelques recettes, bien différentes les unes des autres. Mais d'abord, voici une méthode de base. Si on prépare de la longe de porc pour plus de deux personnes, on n'a qu'à doubler les quantités indiquées ici.

Il faut s'efforcer de trouver une longe plutôt mince, qui ne dépasse pas 7,5 cm de diamètre en son point le plus large. Si le morceau est plus gros, on prolongera le temps de cuisson de quelques minutes. Remarque : le poids en tant que tel a peu d'importance. Une longue pièce ne mettra pas plus de temps à cuire qu'une petite, si toutes les deux ont la même épaisseur.

méthode de base pour la cuisson de la longe de porc

2 portions

1 longe de porc désossée (d'environ 7,5 cm de diamètre en son point le plus large)

Mettre le porc dans l'autocuiseur et y verser 5 cm d'eau. Fixer le couvercle. Une fois la pression maximale atteinte, réduire le feu et poursuivre la cuisson à intensité moyenne pendant 10 minutes. Éteindre le feu et provoquer la détente instantanée de la pression.

Si le morceau de porc est plus épais, en prolonger la cuisson de 2 ou 3 minutes, mais ne pas céder à la tentation de cuire la viande plus longtemps : trop cuite, la chair de la longe, qui est une pièce maigre, a tendance à sécher.

Le fait de laisser la viande macérer toute la nuit dans une marinade « sèche » en rehausse énormément la saveur, à condition de l'avoir d'abord débarrassée de sa couenne. Demander au boucher de faire ce travail avant de rouler la viande ; lui préciser de ne laisser qu'un centimètre de gras environ. Si on aime la découverte, on fera emballer la couenne de gras avec la viande : elle servira à faire des grattons.

longe de porc marinée

3 ou 4 portions

¼ c. à thé de thym
¼ c. à thé de romarin
¼ c. à thé de sauge
½ c. à thé de poivre noir du moulin
¼ c. à thé de gros sel
1 grosse gousse d'ail hachée finement
1 longe de porc désossée (d'environ 7,5 cm de diamètre en son point le plus large, et faisant 12,5 cm par 15 cm)
1 à 2 c. à table d'huile végétale

Mélanger tous les ingrédients à l'exception de l'huile et en frotter la surface du porc, en s'efforçant de répartir les aromates aussi uniformément que possible. Placer le porc dans un bol ou un plat de céramique, le couvrir hermétiquement et le placer au réfrigérateur pendant au moins 8 heures (ou toute une nuit). Sortir la viande du réfrigérateur une heure avant le moment prévu pour la cuisson.

Chauffer l'autocuiseur, dans lequel on aura préalablement versé au moins 5 cm d'eau et installé un panier cuit-vapeur (ou un dispositif semblable). Déposer le porc dans un plat allant au four et pouvant être introduit dans l'autocuiseur : un espace d'au moins 2,5 cm doit être dégagé entre les parois de ce dernier et celles du plat. Introduire le plat dans l'autocuiseur et fixer le couvercle. Une fois la pression maximale atteinte, réduire le feu et poursuivre la cuisson à intensité moyenne pendant 8 minutes. Éteindre le feu et provoquer la détente instantanée de la pression. Pendant que la viande cuit, verser un peu d'huile végétale dans une poêle antiadhésive.

Chauffer l'huile et y saisir le porc en le retournant souvent, le temps d'en compléter la cuisson et de le dorer. Le jus de cuisson peut être dégraissé et servi en guise de sauce.

C'est sans honte aucune que j'ai emprunté cette recette de mon propre ouvrage *The Green Kitchen*. Si je la reproduis ici, c'est qu'elle est — en toute immodestie — géniale. Pour la réaliser, on prend un morceau de longe désossé et roulé, bien que l'épaule constitue un choix tout aussi savoureux.

longe de porc, pommes de terre et grattons

2 ou 3 portions

2 tasses de grosses pommes de terre nouvelles (300 g)

2 petits oignons coupés en tranches

2 carottes tranchées en bâtons épais

300 ml d'eau ou de bouillon léger

½ c. à thé d'herbes de Provence, ou encore de thym, de sauge ou de romarin séché

1 morceau de 350 g de porc désossé et roulé (faisant environ 10 cm par 10 cm)

1 à 2 c. à table d'huile végétale

sel et poivre noir du moulin

Mettre les pommes de terre dans l'autocuiseur avec les oignons, les carottes, le bouillon et les fines herbes. Le bouillon devrait tout juste suffire à recouvrir les légumes. Saler et poivrer généreusement la préparation, avant de déposer le porc sur les légumes. Fixer le couvercle. Une fois la pression maximale atteinte, réduire le feu et poursuivre la cuisson à intensité moyenne pendant 10 minutes. Éteindre le feu et provoquer la détente instantanée de la pression.

Verser l'huile dans une poêle à fond épais assez grande pour contenir la viande ; le fond devra être bien recouvert. À feu moyen, cuire le porc, peau orientée vers le bas, en retournant la viande de manière à ce que chaque partie de la peau devienne craquante. Faire dorer légèrement les surfaces charnues. L'ensemble de l'opération ne devrait pas exiger plus de 10 minutes. (Malgré ces 10 minutes supplémentaires, on gagne beaucoup de temps par rapport au rôtissage classique.)

Servir le porc accompagné de pommes de terre et du jus de cuisson en guise de sauce.

Le porc est ici cuit à l'autocuiseur et rissolé dans
la casserole. Il se prépare en 30 minutes.

« rôti » de porc express

4 portions

800 g d'épaule de porc
    roulée
1 à 2 c. à table d'huile
    végétale
1 c. à thé de fines herbes
    séchées assorties, par
    exemple des herbes de
    Provence
quelques feuilles de persil
    frais, hachées finement
sel et poivre noir du
    moulin

Chauffer l'autocuiseur, dans lequel on aura préalablement
versé au moins 5 cm d'eau et installé un panier cuit-
vapeur (ou un dispositif semblable). Déposer le porc
dans un plat allant au four et pouvant être introduit dans
l'autocuiseur : un espace d'au moins 2,5 cm doit être
dégagé entre les parois de ce dernier et celles du plat.
Introduire le plat dans l'autocuiseur et fixer le couvercle.
Une fois la pression maximale atteinte, réduire le feu
et poursuivre la cuisson à intensité moyenne pendant
25 minutes. Éteindre le feu et provoquer la détente
instantanée de la pression.

Chauffer un peu d'huile dans une poêle, à feu modéré.
Retirer le porc de l'autocuiseur, le saler, poivrer et
saupoudrer de fines herbes. Faire revenir le porc sur tous
les côtés, de manière à obtenir une peau craquante.
L'opération ne réussit pas toujours, mais elle vaut la peine
d'être tentée.

Pendant que le porc rissole, dégraisser le jus de cuisson.
L'assaisonner, y incorporer le persil, et le servir avec le
porc.

Cette recette simple comme tout s'exécute très rapidement et donne un plat savoureux. On peut aisément en multiplier les quantités pour accommoder un groupe de convives plus nombreux. Remarque 1 : si on le désire, on ajoute un piment rouge épépiné et haché finement. Remarque 2 : si on ne peut trouver de feuilles de lime fraîches, en acheter des séchées et les faire tremper dans un peu d'eau chaude, puis les déchirer. Remarque 3 : on peut entailler la peau du concombre. On obtient ainsi un effet décoratif qui permet en outre à la vinaigrette de pénétrer dans la chair du légume.

salade de porc à la thaïlandaise

3 ou 4 portions

Pour la vinaigrette :
- 3 c. à table d'huile végétale
- 1 c. à thé d'huile de sésame
- 1 c. à thé de *nam pla* (sauce de poisson thaïlandaise)
- 2 c. à table de sauce soya
- le jus de 2 limes
- ½ petit piment rouge, épépiné et haché finement
- 1 tranche mince de gingembre frais hachée finement
- 1 petite gousse d'ail hachée finement ou écrasée
- 3 ou 4 feuilles de lime kaffir déchiquetées

Pour la salade :
- 1 pièce de longe de porc sans os (d'environ 7,5 cm de diamètre en son point le plus large et pesant 600 g)
- 6 à 8 feuilles de laitue romaine hachées très finement
- 1 concombre épépiné et tranché finement
- 1 poivron rouge épépiné et tranché finement
- 3 branches de céleri tranchées finement, en diagonale
- 3 oignons verts tranchés finement, en diagonale
- quelques feuilles de coriandre ou de basilic sacré hachées finement, pour la garniture

Mélanger les ingrédients de la vinaigrette au moins une heure avant de commencer la cuisson, afin de laisser aux saveurs le temps de se révéler.

Cuire la viande selon la méthode de base proposée à la page 46. Une fois la viande cuite, la laisser reposer pendant au moins 15 minutes avant de la trancher. Entre-temps, réunir tous les ingrédients de la salade dans un bol de service. Couper le porc en tranches aussi fines que possible et les déposer sur la salade. Bien agiter la vinaigrette, la verser et mélanger le tout. Garnir l'assiette de coriandre ou de basilic. Servir le plat immédiatement.

Les jarrets, bon marché, savoureux et nourrissants, se prêtent très bien à la cuisson sous pression et entrent dans la composition d'autres plats, en moyennant un minimum de travail.

Voici un trio de plats, chacun étant suffisant pour deux personnes. Les restes se conserveront cinq jours au réfrigérateur; on peut aussi les congeler, après avoir frotté la viande d'un peu d'huile végétale et en la plaçant dans un contenant étanche. Bien sûr, on peut aussi servir ces jarrets à six mangeurs dotés d'un bon appétit!

jarrets de porc
trois plats pour deux personnes

première version:
jarrets braisés et leur salsa au piment rouge

2 portions

3 gros jarrets de porc, des pattes postérieures ou antérieures (2 kg au total)

2 ou 3 grosses gousses d'ail

1 petit oignon pelé, mais non coupé

riz ou pommes de terre, en guise d'accompagnement au moment de servir

Pour la salsa:

1 petit piment rouge haché finement

1 petit oignon rouge haché finement

une bonne pincée de coriandre et de cumin moulus

Placer les jarrets, l'ail et l'oignon dans l'autocuiseur, et remplir celui-ci d'eau, au tiers. Fixer le couvercle. Une fois la pression maximale atteinte, réduire le feu et poursuivre la cuisson à intensité moyenne pendant 30 minutes. Éteindre le feu et laisser la vapeur s'échapper lentement. Entre-temps, mélanger dans un bol les ingrédients de la salsa.

Retirer un des jarrets de l'autocuiseur. Désosser la viande au couteau. Servir le jarret nappé d'une cuillerée du jus de cuisson, accompagné de salsa ainsi que de riz nature ou de pommes de terre. Partager le liquide de braisage en deux et le réserver avec les deux jarrets restants, en vue de l'exécution des autres recettes.

deuxième version : jarret braisé accompagné de pommes de terre, de carottes et d'ail

2 portions

1 jarret de porc cuit
1 pomme de terre pelée et coupée en tranches épaisses
2 grosses carottes pelées et coupées en morceaux
1 tête d'ail séparée en gousses pelées
1 petite lanière de zeste de citron
liquide de braisage et bouillon (ou eau), au besoin
sel et poivre noir du moulin
quelques feuilles de persil hachées, pour la garniture

Réunir tous les ingrédients dans l'autocuiseur et y verser assez de liquide pour le remplir au tiers. Saler et relever de poivre noir du moulin. Fixer le couvercle. Une fois la pression maximale atteinte, réduire le feu et poursuivre la cuisson à intensité moyenne pendant 5 minutes. Éteindre le feu et provoquer la détente instantanée de la pression. Désosser la viande au couteau. Servir le jarret accompagné de légumes, d'ail et d'un peu de jus de braisage. Le garnir de quelques feuilles de persil hachées.

troisième version : soupe de jarret, riz et céleri

2 portions

125 ml de riz blanc à grains longs
1 jarret de porc cuit
4 branches de céleri tranchées finement
1 tranche de gingembre frais, pelée et hachée finement
1 c. à table de ketchup
5 ml de sauce Worcestershire
15 ml de sauce soya
liquide de braisage et bouillon (ou eau), au besoin

Faire tremper le riz dans l'eau froide quelques minutes. Le laisser égoutter puis le rincer. Répéter ces opérations à quelques reprises ; elles permettent d'enlever l'excédent d'amidon.

Réunir tous les ingrédients dans l'autocuiseur et le remplir de liquide au tiers. Fixer le couvercle. Une fois la pression maximale atteinte, réduire le feu et poursuivre la cuisson à intensité moyenne pendant 5 minutes. Éteindre le feu et provoquer la détente instantanée de la pression. Désosser la viande au couteau. Servir le jarret nappé du jus restant. Une salade complétera le repas.

Avec l'autocuiseur, la préparation de ce classique de la cuisine chinoise ne saurait être plus simple. C'est un plat tellement simple qu'il fait partie de l'ordinaire. Du riz nature et un légume vert suffisent comme accompagnement.

porc rouge à la chinoise

3 ou 4 portions

1 morceau de porc désossé de 600 g, épaule, jarret ou flanc
100 ml de sauce soya
400 ml d'eau
1 couronne d'anis étoilé
½ c. à thé de poivre de Sichuan
3 grosses gousses d'ail pelées
1 tranche épaisse de gingembre frais, pelée

Réunir tous les ingrédients dans l'autocuiseur. Fixer le couvercle. Une fois la pression maximale atteinte, réduire le feu et poursuivre la cuisson à intensité moyenne pendant 30 minutes. Éteindre le feu et laisser la vapeur s'échapper lentement. Servir le porc accompagné de riz nature et de légumes sautés à l'orientale, avec un peu plus de sauce soya et de sauce chili si on le désire.

Ce liquide de cuisson est plutôt salé et doit être consommé avec modération. Les cuisiniers prévoyants le congèlent en vue d'une autre recette de porc. Il occupera toutefois beaucoup de place dans le congélateur.

En France, la potée est une soupe-repas faite de bons morceaux de viande et de légumes. Le tout mijote longuement, et la viande est coupée au moment du service.

De nombreuses régions de France possèdent leur propre version de la potée, laquelle peut contenir à peu près n'importe quelle viande rouge et parfois même de la volaille. Ma version s'inspire de celle proposée dans *French Country Cooking* des frères Albert et Michel Roux. On choisit ses viandes, mais il est préférable d'en inclure au moins trois, dont une salaisonnée ou fumée. Il faut également s'assurer de rassembler tous les légumes, car ils sont essentiels pour obtenir ce bouillon complexe en saveurs.

potée

de 4 à 6 portions

250 g de bacon ou de pancetta assez maigre, en une seule pièce

500 g d'épaule de porc désossée ou roulée

1 petit chou blanc coupé en quatre

1 ¼ tasse de pommes de terre nouvelles (300 g), coupées en deux

2 tasses de petits navets (250 g), coupés en deux ou en quatre

2 ¼ tasses de petites carottes (250 g), coupées en deux au besoin

3 tasses de petits poireaux (250 g), coupés en tronçons de 2,5 cm

3 ou 4 petits oignons, coupés en deux ou en quatre

1 tête d'ail séparée en gousses non pelées

1 bouquet garni

2 clous de girofle

5 grains de poivre noir entiers

500 g de saucisson à cuire, par exemple kielbasa, piqué à la fourchette en quelques endroits

Déposer le bacon dans l'autocuiseur contenant 7,5 cm d'eau. Fixer le couvercle. Une fois la pression maximale atteinte, réduire le feu et poursuivre la cuisson à intensité moyenne pendant 3 minutes. Provoquer la détente instantanée de la pression, retirer le bacon de l'autocuiseur et jeter l'eau de cuisson.

Remettre le bacon dans l'autocuiseur, ajouter l'épaule de porc et remplir au tiers d'eau. Fixer le couvercle. Une fois la pression maximale atteinte, réduire le feu et poursuivre la cuisson à intensité moyenne pendant 20 minutes. Provoquer la détente instantanée de la pression et retirer les viandes de l'autocuiseur. Y placer tous les autres ingrédients. Fixer le couvercle. Élever de nouveau la pression au maximum, réduire le feu et poursuivre la cuisson à intensité moyenne pendant 5 minutes. Éteindre le feu et provoquer la détente instantanée de la pression. Remettre le porc et le bacon dans l'autocuiseur afin qu'ils réchauffent.

Couper les viandes et les légumes en bouchées. Les servir dans de petits bols, en présentant le bouillon à part.

Si on ne trouve pas de lapin ou si on n'aime pas cette viande, on peut le remplacer par du poulet.

lapin braisé à la moutarde et aux câpres

4 portions

2 petits lapins (d'environ 750 g chacun)

2 c. à table d'huile végétale

3 c. à table de farine

4 petits oignons (environ 75 g au total), pelés mais laissés entiers

400 ml de bouillon

400 ml de vin blanc sec

2 c. à table de moutarde campagnarde

3 ou 4 tiges d'estragon ou de thym frais (ou 1 c. à thé de ces fines herbes séchées)

2 c. à thé de câpres hachées grossièrement

2 c. à thé de fécule de maïs (facultatif)

sel et poivre noir du moulin

quelques feuilles de persil frais hachées finement, pour la garniture

Débiter les lapins ou demander au boucher de le faire. Faire dégorger les morceaux 20 minutes dans l'eau salée pour les nettoyer de toute trace de sang. Bien les laisser égoutter. Chauffer l'huile dans l'autocuiseur et faire rissoler les morceaux de lapin rapidement. Il n'est pas nécessaire de les saisir uniformément. Ajouter un peu de sel et beaucoup de poivre noir du moulin. Enrober les morceaux de lapin de farine. Ajouter les oignons en remuant les ingrédients, puis joindre le bouillon, le vin, la moutarde, les aromates et la moitié des câpres. Fixer le couvercle. Une fois la pression maximale atteinte, réduire le feu et poursuivre la cuisson à intensité moyenne pendant 30 minutes. Éteindre le feu et provoquer la détente instantanée de la pression. Dès qu'on peut retirer le couvercle, ajouter le reste des câpres.

Si on juge que le liquide de cuisson n'est pas suffisamment épais, on l'épaissit en le laissant réduire quelques minutes à feu moyen, ou en y incorporant au fouet la fécule de maïs préalablement diluée dans une cuillerée de liquide de cuisson. Bien mélanger et incorporer dans le liquide contenu dans l'autocuiseur.

Déposer les morceaux de lapin dans un bol. Les napper de sauce et garnir de persil. Servir immédiatement le plat, accompagné de riz nature ou de pommes de terre.

Le plat qui sert d'inspiration à cette recette s'appelle *gigot de sept heures*. Il s'agit, comme son nom l'indique, d'un gigot d'agneau cuit pendant sept heures. Ma version est à base d'épaule plutôt que de gigot, et sa cuisson s'effectue bien sûr en beaucoup moins de temps.

La viande de ce plat est si tendre qu'elle se défait à la fourchette. Remarque : la recette exige qu'on farcisse d'abord l'épaule puis qu'on la roule. On peut réaliser cette opération soi-même si on sait manier la ficelle de cuisine. Cependant, il est plus simple de préparer la farce à la maison, de l'apporter à la boucherie et de demander au boucher d'effectuer l'opération. Après tout, c'est son métier ! Si on le souhaite, on règle ces premières étapes la veille de la cuisson.

gigot de « sept » heures
(prêt en 40 minutes)

de 4 à 6 portions

1 épaule d'agneau désossée (environ 1,5 kg)
400 ml de vin blanc sec
3 ou 4 poireaux coupés en tronçons de 1,25 cm
1 à 2 c. à table d'huile végétale

Pour la farce :
3 ou 4 grosses gousses d'ail
quelques feuilles de persil frais hachées finement
1 c. à thé de romarin séché, émietté
1 c. à thé de sel fin
poivre noir du moulin

Demander au boucher de désosser l'épaule (faire mettre les os de côté pour une recette ultérieure). Mélanger tous les ingrédients de la farce et en tartiner l'intérieur de la viande. Ficeler celle-ci en serrant fermement la corde. À ce stade, on peut, si on le désire, faire reposer l'épaule toute la nuit au réfrigérateur. Les saveurs de la farce pénétreront la viande.

Mettre l'agneau et le vin dans l'autocuiseur. Fixer le couvercle. Une fois la pression maximale atteinte, réduire le feu et poursuivre la cuisson à intensité moyenne pendant 35 minutes. Éteindre le feu et provoquer la détente instantanée de la pression. Ajouter les poireaux. Élever de nouveau la pression au maximum, réduire le feu et poursuivre la cuisson à intensité moyenne pendant 5 minutes supplémentaires. Éteindre le feu et provoquer la détente instantanée de la pression.

Sortir l'agneau et le laisser égoutter. Chauffer un peu d'huile dans une grande poêle. Saisir l'agneau sur tous ses côtés. Entre-temps, porter le liquide de cuisson à ébullition afin de le réduire un peu et d'en concentrer les saveurs. Servir la viande accompagnée du jus de cuisson, des poireaux et de simples pommes de terre bouillies.

Voici une excellente méthode pour préparer une savoureuse épaule d'agneau en trente minutes à peine. Le braisage permet d'obtenir une viande tendre, tandis que le rissolage lui donne une croûte craquante. Le jus de cuisson constitue quant à lui une sauce savoureuse. Demander au boucher de couper l'épaule en deux.

épaule d'agneau épicée, braisée et rissolée

4 à 6 portions

1 épaule d'agneau désossée et coupée en deux

225 ml de vin blanc sec

225 ml de bouillon de poulet ou de légumes

1 à 2 c. à table d'huile végétale

1 petit piment, épépiné si on le désire, haché finement

½ c. à thé de graines de cumin

½ c. à thé de coriandre

½ c. à thé de fenouil

3 grosses gousses d'ail hachées finement

1 petit oignon haché finement

sel et poivre noir du moulin

quelques feuilles de menthe ou de coriandre fraîche hachées finement, pour la garniture

Réunir l'agneau, le vin et le bouillon dans l'autocuiseur. Relever la préparation de sel et de poivre noir du moulin. Fixer le couvercle. Une fois la pression maximale atteinte, réduire le feu et poursuivre la cuisson à intensité moyenne pendant 35 minutes. Éteindre le feu et provoquer la détente instantanée de la pression. Dès qu'on peut ôter le couvercle, retirer l'agneau de l'autocuiseur.

Faire chauffer un peu d'huile dans une grande poêle antiadhésive. Mettre l'agneau dans la poêle et bien le saisir des deux côtés (environ 5 minutes). Pendant ce temps, faire bouillir à feu modéré le liquide de l'autocuiseur afin de le réduire de moitié. Lorsque l'agneau est presque à point, ajouter les épices, l'ail et l'oignon au contenu de la poêle et laisser cuire quelques minutes. Garnir la viande d'herbes fraîches et présenter la sauce dans une saucière.

La seule chose qui me déplaît dans la souris d'agneau, c'est quelle est passée de coupe impopulaire et bon marché (certains bouchers allaient jusqu'à la donner) à morceau de choix et, par conséquent, coûteux. Mais que peut-on y faire? Je préfère la souris d'épaule parce qu'elle est à la fois moins chère et plus riche en collagène, lequel, durant une cuisson lente et prolongée, fond en donnant au plat une texture gélatineuse. (L'autocuiseur permet de remplacer la cuisson lente et prolongée par une cuisson très rapide qui gélatinise tout autant le collagène.) La souris de la patte postérieure donnera elle aussi des résultats savoureux. Remarque : on peut aromatiser la viande avec les herbes et épices de son choix.

souris d'agneau épicées à l'espagnole

4 portions

4 souris d'agneau, de préférence de l'épaule (chacune pesant environ 550 g)

2 c. à thé de *pimentón* (paprika espagnol) ou de paprika doux

2 c. à thé d'origan séché

2 c. à thé de sel fin

6 à 8 grosses gousses d'ail hachées finement ou écrasées

4 c. à table d'huile végétale

150 ml de vin blanc sec, de xérès ou d'eau

Déposer les souris d'agneau dans un plat allant au four et pourvu d'un couvercle. Si on n'en a pas, on recourra au papier d'aluminium. Dans un petit bol, mélanger tous les autres ingrédients à l'exception du vin, et frotter les morceaux d'agneau de ce mélange. Garder l'agneau au réfrigérateur au moins 8 heures, si possible toute la nuit.

Mettre les souris dans l'autocuiseur avec le vin, le xérès ou l'eau, puis fixer le couvercle. Une fois la pression maximale atteinte, réduire le feu et poursuivre la cuisson à intensité moyenne, pendant 25 minutes si on préfère une viande plus ferme, ou pendant 30 minutes pour une viande qui se détache toute seule de l'os. Éteindre le feu et laisser la vapeur s'échapper lentement.

Si on le désire, on dore l'agneau (ce qui en rehausse le goût) en le passant sous le feu du gril. Dix minutes suffiront, pendant lesquelles on retournera la viande une fois.

Ce plat des plus savoureux s'accompagne de riz nature ou d'une purée de pommes de terre.

Plat simple, et encore meilleur le lendemain, réchauffé. Si on aime manger piquant, ajouter un petit piment entier, par exemple un scotch bonnet incendiaire. Retirer le piment du plat avant de servir celui-ci, à moins de vouloir faire le bonheur d'un masochiste.

cari d'agneau

6 à 8 portions

1,5 kg d'épaule d'agneau désossée, coupée en gros morceaux

environ 3 c. à table de farine

2 c. à table d'huile végétale

4 grosses carottes coupées en tronçons de 5 cm

1 gros oignon coupé en quartiers

4 gousses d'ail coupées en deux

1 à 2 c. à table de poudre de cari doux

2 tasses de tomates broyées (400 g, soit les deux tiers d'une conserve de 796 ml)

vin et bouillon de poulet au besoin (700 à 800 ml de liquide au total)

sel et poivre noir du moulin

Saupoudrer l'agneau de farine, puis de sel et de poivre. Chauffer l'huile dans l'autocuiseur à feu mi-vif. Faire rissoler la viande légèrement, à raison de deux ou trois cubes à la fois. Dès que les morceaux sont à point, les retirer de l'autocuiseur et les réserver dans une assiette ou un bol. Mettre les carottes, l'oignon, l'ail et la poudre de cari dans l'autocuiseur. Remuer le tout pendant une minute et déglacer à l'eau.

Remettre la viande dans l'autocuiseur et y ajouter les tomates, le bouillon et le vin ; il devrait y avoir tout juste assez de liquide pour recouvrir la viande. On peut aussi utiliser un mélange à parts égales de vin et de bouillon. Fixer le couvercle. Une fois la pression maximale atteinte, réduire le feu et poursuivre la cuisson à intensité moyenne pendant 25 minutes. Provoquer la détente instantanée de la pression et vérifier le degré de cuisson de la viande : elle devrait être tendre et se détacher facilement des os. Au besoin, prolonger la cuisson de 5 minutes. Servir le cari d'agneau accompagné de purée de pommes de terre ou de riz nature.

la volaille

Je consomme plus de volaille que de toute autre forme de protéine animale. Au fil du temps, j'ai pris l'habitude de la cuire à l'autocuiseur. Comme pour la viande, l'autocuiseur utilisé seul ne peut donner à la volaille une peau dorée et craquante. Cependant, il permet de réaliser une variété de plats excellents, tels des braisés, des ragoûts et des soupes, qui révèlent d'autres qualités de la volaille. Dans certains cas, on peut faire rissoler la peau après-coup, mais je ne crois pas que cela soit nécessaire. La seule règle *toujours* valable avec la volaille est qu'il faut choisir la meilleure qualité qui soit. On aurait beau exécuter la meilleure recette de poulet au monde (je songe au *poulet aux quarante gousses d'ail* proposé à la page 80), avec une volaille à la chair molle et dénuée de saveur, la magie du plat s'envolerait automatiquement.

Je suis un adepte enthousiaste de l'autocuiseur pour la cuisson du canard. Là non plus, on ne pourra rêver d'une peau craquante, mais la tendreté de la chair obtenue fera ressortir toute la richesse de goût du canard. Je souligne quand même la recette de *canard aux cinq épices* (page 89), dans laquelle la peau est rendue craquante à la poêle, après une cuisson à l'autocuiseur. C'est une de mes recettes préférées. Elle constitue en outre un excellent choix pour les réceptions, car sa préparation peut être entreprise la veille.

Plat d'inspiration vaguement espagnole, qui tire profit du mariage du poulet et du xérès. Si on le souhaite, on ajoute aux olives une bonne poignée de champignons de paris miniatures. Ils auront le temps de s'attendrir pendant la fin de la cuisson.

poulet au xérès, à la moutarde et aux olives

4 portions

2 ou 3 c. à table d'huile végétale

8 hauts de cuisse ou 4 poitrines de poulet

4 oignons coupés en deux

2 c. à thé de moutarde française

100 ml de xérès sec mélangé à 150 ml d'eau ou de bouillon de poulet

1 c. à table de vinaigre de xérès (ou de vinaigre de vin rouge)

16 grosses olives vertes, nature ou aromatisées aux fines herbes

une bonne quantité de feuilles de persil, hachées grossièrement

sel et poivre noir du moulin

Verser dans l'autocuiseur assez d'huile pour en recouvrir le fond. Y déposer 4 hauts de cuisse ou 2 poitrines, et entreprendre la cuisson à feu mi-vif. Faire rissoler la viande légèrement ; réserver les morceaux cuits dans une assiette et traiter les autres morceaux de la même façon.

Remettre tous les morceaux de poulet dans l'autocuiseur, puis ajouter les oignons, le vinaigre de xérès et la moutarde, en remuant la préparation pour répartir la moutarde uniformément. Assaisonner de sel, de poivre, et du vinaigre. Fixer le couvercle. Une fois la pression maximale atteinte, réduire le feu et poursuivre la cuisson à intensité moyenne pendant 10 minutes. Éteindre le feu et provoquer la détente instantanée de la pression.

Dès qu'on peut retirer le couvercle, ajouter les olives et remettre le couvercle sur la casserole. Laisser la préparation reposer 5 minutes. Ajouter le persil et servir le plat accompagné de riz ou d'une purée de pommes de terre.

poulet aux légumes

4 portions

4 morceaux de poulet, de
   préférence des cuisses,
   séparées en hauts de
   cuisse et en pilons (on
   peut aussi utiliser des
   poitrines)
2 ou 3 c. à table d'huile
   végétale
4 petits panais non pelés
2 citrons coupés en deux
½ c. à thé d'estragon
   séché
½ c. à thé de thym séché
300 ml de liquide
   (bouillon de poulet, vin
   blanc sec, eau, ou un
   mélange des trois)
sel et poivre noir du
   moulin
persil frais haché, pour la
   garniture

Déposer les morceaux de poulet dans la casserole, deux à la fois, dans un peu d'huile végétale. Les faire rissoler très rapidement. Retirer le poulet de l'autocuiseur. Y mettre les panais, puis le citron et les fines herbes. Déposer les morceaux de poulet sur les légumes, saler et poivrer la préparation, puis l'arroser du liquide choisi. Fixer le couvercle. Une fois la pression maximale atteinte, réduire le feu et poursuivre la cuisson à intensité moyenne pendant 10 minutes. Éteindre le feu et provoquer la détente instantanée de la pression. Servir le plat immédiatement. Le riz nature constitue un bon accompagnement pour ce plat, auquel du persil haché apportera une touche de couleur.

Voici une adaptation de la meilleure recette de coq au vin que je connaisse, soit celle proposée par Julia Child dans son *French Chef Cookbook*. Complexe et classique, cette recette exige quatre casseroles. Ma version n'en nécessite qu'une seule. Et elle prend beaucoup moins de temps à réaliser. La recette originale est-elle meilleure que la mienne? Bien sûr. Mais, pour avoir essayé les deux versions, je peux garantir que la mienne procure beaucoup de plaisir pour moins de travail.

coq au vin simplifié

4 portions

1 à 2 c. à table d'huile végétale

200 g de bacon ou de pancetta, en lardons

1 poulet fermier (environ 1,5 kg), partagé en huit morceaux

1 c. à table de cognac

2 c. à table de farine tout usage

1 c. à table de purée de tomates

6 grosses gousses d'ail hachées finement

1 feuille de laurier

2 c. à thé d'herbes de Provence ou d'autres fines herbes assorties

4 oignons (d'environ 150 g chacun)

500 ml de vin rouge (ou blanc, au goût)

400 ml de bouillon de poulet

300 g de champignons de paris, coupés en deux ou en quatre

une bonne quantité de feuilles de persil frais, hachées grossièrement

sel et poivre noir du moulin

Verser dans l'autocuiseur assez d'huile pour en recouvrir le fond. À feu moyen, cuire le bacon (ou la pancetta) en le remuant régulièrement, jusqu'à ce qu'il soit légèrement doré (environ 3 ou 4 minutes). Récupérer le bacon à l'aide d'une écumoire et le déposer dans une assiette ou un plat allant au four assez spacieux pour contenir le poulet.

Mettre le poulet dans l'autocuiseur, quatre morceaux à la fois, et le cuire juste assez pour qu'il commencer à dorer. Ne pas s'inquiéter d'une couleur trop foncée. Déposer les morceaux prêts dans le plat contenant le bacon.

Verser le cognac dans l'autocuiseur et le laisser grésiller en grattant le fond de la casserole, jusqu'à évaporation complète du liquide. Ajouter le sel, le poivre et la farine avec un peu d'eau, puis gratter de nouveau le fond de l'autocuiseur jusqu'à ce que les sucs se soient dissous et que les résidus aient formé une pâte épaisse. Ajouter la purée de tomates, l'ail, la feuille de laurier, les fines herbes et les oignons. Remettre le poulet et le bacon dans l'autocuiseur. Y verser le vin et le bouillon.

Fixer le couvercle. Une fois la pression maximale atteinte, réduire le feu et poursuivre la cuisson à intensité moyenne pendant 10 minutes. Éteindre le feu et provoquer la détente instantanée de la pression. Dès qu'on peut retirer le couvercle, incorporer les champignons. Poursuivre la cuisson à feu doux jusqu'à ce que les champignons commencent à ramollir, soit 5 minutes environ. Garnir le plat de persil, en rectifier l'assaisonnement (il faudra peut-être le saler et le poivrer davantage). Servir le coq au vin accompagné de pain croûté, de riz nature ou de pommes de terre nouvelles.

Cette recette de poulet ne saurait être plus aisée et rapide. Si on souhaite prendre des poitrines au lieu des cuisses, on ne comptera qu'un morceau par personne. Si possible, entreprendre les préparatifs la veille.

poulet à la jamaïcaine

4 portions

8 cuisses de poulet (hauts de cuisse, pilons, ou les deux), débarrassées de la peau si on le souhaite

125 ml de *jerk* (condiment jamaïcain)

3 c. à table d'huile végétale

le jus d'un citron

Frotter les morceaux de poulet sur tous les côtés avec le condiment jamaïcain, l'huile et le jus de citron. Laisser mariner le poulet quelque temps, idéalement toute une nuit au réfrigérateur.

Chauffer l'autocuiseur, dans lequel on aura préalablement versé au moins 7,5 cm d'eau et installé un panier cuit-vapeur (ou un dispositif semblable). Placer les morceaux de poulet dans le panier. Fixer le couvercle. Une fois la pression maximale atteinte, réduire le feu et poursuivre la cuisson à intensité moyenne pendant 10 minutes. Servir le poulet immédiatement, accompagné de riz nature, de haricots et d'une salade.

poulet cuit dans un bol

L'autocuiseur est l'ustensile idéal pour réaliser des plats de poulet
simples, cuits à la vapeur. En voici trois exemples. Une fois familiarisé
avec cette méthode, on ne tarde pas à inventer ses propres recettes.
Les soupers à deux ne seront plus jamais les mêmes, c'est assuré !
Remarque : mettre l'eau à frémir dès le début des préparatifs accélère
la réalisation du plat.

J'adore la crème, je n'y peux rien ! Et je parie que tous l'aiment
aussi, même si on est davantage portés à l'inclure dans les
desserts (pour gâter les invités) que dans les mets salés. Or, que
se passe-t-il quand on sert une croustade ou des poires pochées
un samedi soir ? Il reste un peu de crème dans le frigo. Avec cette
recette, elle ne sera pas perdue. S'il n'y a pas de crème à la maison,
il n'est pas nécessaire d'en acheter pour la réalisation de ce plat.
On peut la remplacer par du yogourt, de préférence de type grec,
excellent pour la santé.

poulet et sa sauce crémeuse à l'ail

2 portions

2 grosses gousses d'ail
hachées finement
1 feuille de laurier
4 pilons, hauts de cuisse
ou petites poitrines de
poulet
4 c. à table de vin blanc
sec
1 c. à table de crème 35 %
sel et poivre noir du
moulin
fines herbes fraîches
hachées, pour la
garniture

Chauffer l'autocuiseur, dans lequel on aura préalablement
versé au moins 5 cm d'eau et installé un panier cuit-vapeur
(ou un dispositif semblable). Mettre l'ail et la feuille de
laurier dans un plat allant au four et pouvant être introduit
dans l'autocuiseur : un espace d'au moins 2,5 cm doit
être dégagé entre les parois de ce dernier et celles du
plat. Déposer le poulet dans le plat, puis y verser le vin et
la crème. Relever la préparation de sel et de poivre noir
du moulin. Introduire le plat dans l'autocuiseur. Fixer le
couvercle. Une fois la pression maximale atteinte, réduire le
feu et poursuivre la cuisson à intensité moyenne pendant
15 minutes. Garnir le poulet de fines herbes et le servir
accompagné de riz ou de pommes de terre.

Voici un plat qui se cuisine aisément, même en semaine, alors qu'on travaille, et qu'on peut relever moyennant un minimum d'effort.

cari de poulet minute

2 portions

4 c. à table de yogourt de type grec
2 c. à thé de poudre de cari doux
1 grosse gousse d'ail hachée finement
1 échalote française hachée finement
1 tranche mince de gingembre frais, hachée finement
4 pilons, hauts de cuisse ou petites poitrines de poulet
les feuilles de 8 à 10 tiges de coriandre fraîche, hachées grossièrement

Mélanger le yogourt et la poudre de cari dans le plat allant au four qu'on utilisera pour la cuisson ; il doit pouvoir être introduit dans l'autocuiseur en laissant un espace d'au moins 2,5 cm entre les parois de ce dernier et celles du plat. Incorporer l'ail, l'échalote et le gingembre dans le yogourt. Bien mélanger les ingrédients, ajouter le poulet et bien l'enrober de la préparation. Ajouter 2 c. à table d'eau.

Chauffer l'autocuiseur, dans lequel on aura préalablement versé au moins 5 cm d'eau et installé un panier cuit-vapeur (ou un dispositif semblable). Introduire le plat dans le panier. Fixer le couvercle. Une fois la pression maximale atteinte, réduire le feu et poursuivre la cuisson à intensité moyenne pendant 15 minutes. Éteindre le feu et provoquer la détente instantanée de la pression. Garnir le cari de coriandre et le servir accompagné de riz ou de pommes de terre.

À manger avec les doigts.

poulet au piment et au soya

2 portions

2 cuisses ou poitrines de poulet, coupées en morceaux de 5 cm, idéalement en travers de l'os
2 c. à table de sauce soya
1 c. à table d'huile végétale
2 grosses gousses d'ail hachées finement
2 tranches minces de gingembre frais, hachées finement
1 petit piment, épépiné si on le désire, haché finement
une grosse pincée de cinq-épices (facultatif)
1 c. à thé d'huile de sésame
2 oignons verts hachés grossièrement

Chauffer l'autocuiseur, dans lequel on aura préalablement versé au moins 5 cm d'eau et installé un panier cuit-vapeur (ou un dispositif semblable). Réunir tous les ingrédients, à l'exception de l'échalote, dans un plat allant au four et pouvant être introduit dans l'autocuiseur : un espace d'au moins 2,5 cm doit être dégagé entre les parois de ce dernier et celles du plat. Introduire le plat dans le panier cuit-vapeur. Fixer le couvercle. Une fois la pression maximale atteinte, réduire le feu et poursuivre la cuisson à intensité moyenne pendant 15 minutes. Éteindre le feu et provoquer la détente instantanée de la pression. Garnir le poulet d'échalotes et le servir accompagné de riz.

La cuisson des cailles s'effectue rapidement, peu importe la méthode suivie. Si on les prépare à l'autocuiseur, il faut prendre garde de ne pas les laisser sécher. Je préfère la méthode proposée ici, car elle produit une peau craquante grâce au passage rapide des volailles dans une poêle très chaude, au sortir de l'autocuiseur.

cailles au porto et aux raisins

4 portions (ou 8, si l'entrée est copieuse)

3 c. à table d'huile végétale

1 gros oignon (d'environ 250 g) haché grossièrement

2 c. à table de farine

8 cailles

100 ml de porto rubis

300 ml de bouillon de poulet

1 c. à thé d'herbes de Provence ou d'autres fines herbes assorties

environ 30 raisins sans pépin

sel et poivre noir du moulin

Dans une poêle chauffée à feu vif, faire colorer l'oignon légèrement dans 1 c. à table d'huile végétale (environ 5 minutes). Ajouter la farine et un peu d'eau ; bien remuer les ingrédients. Relever la préparation de sel et de poivre noir du moulin. Poursuivre la cuisson jusqu'à ce que la farine ait été absorbée par l'oignon, puis pendant encore 5 minutes, afin que l'oignon ramollisse. Réserver les oignons dans un bol et essuyer la poêle.

Pendant la cuisson des oignons, mettre les cailles, le porto, le bouillon et les fines herbes dans l'autocuiseur. Relever la préparation de sel et de poivre noir du moulin. Fixer le couvercle. Une fois la pression maximale atteinte, réduire le feu et poursuivre la cuisson à intensité moyenne pendant 10 minutes. Éteindre le feu et provoquer la détente instantanée de la pression. Sortir les cailles de l'autocuiseur dès que la pression est retombée. Mettre les raisins et les oignons dans l'autocuiseur, puis laisser la préparation mijoter doucement pendant 5 minutes environ.

Entre-temps, chauffer la poêle et y verser un peu d'huile végétale. Rissoler rapidement les cailles des deux côtés. Au moment de les servir, déposer les cailles dans des assiettes préchauffées, les arroser d'un peu de jus de cuisson, et les parsemer de raisins. Servir les cailles immédiatement.

Cette recette simple permet de nourrir beaucoup de personnes en une trentaine de minutes seulement. Un gros poulet suffira pour six convives, et un plus petit, pour quatre.

poulet poché avec salsa *verde*

4 à 6 portions

1 poulet fermier
(environ 1,5 à 2 kg)
1 feuille de laurier
1 gousse d'ail non pelée

Pour la salsa *verde* :
une bonne quantité
de persil plat frais
haché finement
4 à 5 c. à table de
câpres hachées
finement
1 conserve de filets
d'anchois, bien
égouttés et hachés
finement
2 ou 3 gousses d'ail
hachées finement
2 c. à table de vinaigre
de vin rouge
environ 200 ml d'huile
d'olive extra vierge

Réunir le poulet, la feuille de laurier et l'ail dans l'autocuiseur. Y verser 5 cm d'eau. Fixer le couvercle. Une fois la pression maximale atteinte, réduire le feu et poursuivre la cuisson à intensité moyenne, pendant 20 minutes pour un petit poulet, ou pendant 25 minutes pour un plus gros. Éteindre le feu et provoquer la détente instantanée de la pression.

Entre-temps, mélanger dans un bol de service tous les ingrédients de la salsa.

Dégraisser le jus de cuisson ; le verser dans une saucière pour le servir avec le poulet. Présenter le plat avec la salsa *verde* et un bon pain, ou du riz nature.

Remarque : le liquide de cuisson peut servir à la préparation d'une soupe ou d'une sauce accompagnant un autre plat à base de poulet.

Ce plat est inspiré d'une recette que j'exécute depuis des années et que j'ai trouvée dans *The Chinese Cookbook* de Craig Claiborne et Virginia Lee. La version originale ne contient pas de piment ; on peut donc l'omettre si on le désire. Ce plat, préparé dans une casserole, un wok ou une cocotte, exige normalement trente minutes de cuisson, au minimum. Grâce à l'autocuiseur, il est prêt en dix minutes. Suggestion : conserver les extrémités des ailes pour préparer un bouillon.

ailes de poulet en sauce tomate

4 portions

2 ou 3 c. à table d'huile végétale

20 ailes de poulet (environ 1,5 kg), parées

5 ou 6 tranches minces de gingembre frais, hachées finement

4 ou 5 gousses d'ail hachées finement

1 ou 2 petits piments épépinés et hachés finement

4 tasses de tomates broyées (800 g, soit 1 ¼ conserve de 796 ml)

2 c. à table de sauce Worcestershire

4 c. à table de sauce soya

2 c. à table de vinaigre de vin rouge

2 c. à thé de fécule de maïs (facultatif)

quelques feuilles de coriandre fraîche hachées

Verser dans l'autocuiseur assez d'huile pour très bien en recouvrir le fond. Y déposer la moitié des ailes et cuire à feu mi-vif. Remuer les ailes régulièrement, de manière à les dorer légèrement (environ 3 minutes). Ne pas s'inquiéter du résultat de cette opération ; il serait difficile et inutile d'obtenir une couleur uniforme. Réserver les ailes cuites dans une assiette et faire rissoler le second lot, en ajoutant un peu d'huile au besoin.

Remettre toutes les ailes dans la casserole avec les ingrédients restants, à l'exception de la fécule de maïs. Remuer la préparation afin de bien mélanger les aliments hachés menu. Fixer le couvercle. Une fois la pression maximale atteinte, réduire le feu et poursuivre la cuisson à intensité moyenne pendant 2 minutes. Éteindre le feu et laisser la vapeur s'échapper lentement pendant 5 minutes avant de détendre la pression complètement. Si la sauce est trop liquide, on peut la réduire à feu vif pendant une minute ou deux, ou y incorporer 2 c. à thé de fécule de maïs délayée dans une quantité équivalente de liquide de cuisson. Une sauce très claire se mariera heureusement avec le riz nature, l'accompagnement naturel de ce plat. Ajouter la coriandre juste avant de servir le plat.

Voici un classique indémodable, qui se prête parfaitement à la cuisson à l'autocuiseur.

poulet aux quarante gousses d'ail

6 portions

125 ml d'huile d'olive extra vierge
1 poulet fermier (environ 2 kg)
125 ml de vin blanc sec
125 ml d'eau ou de bouillon de poulet
4 têtes d'ail séparées en gousses non pelées

Verser dans l'autocuiseur assez d'huile pour en recouvrir le fond. Chauffer à feu mi-vif. Retourner le poulet dans l'huile pendant quelques minutes pour le colorer légèrement. Verser dans l'autocuiseur le reste de l'huile, le vin et le bouillon. Fixer le couvercle. Une fois la pression maximale atteinte, réduire le feu et poursuivre la cuisson à intensité moyenne pendant 15 minutes. Éteindre le feu et provoquer la détente instantanée de la pression.

Dès qu'on peut retirer le couvercle, ajouter l'ail. Fixer le couvercle. Élever de nouveau la pression au maximum, réduire le feu et poursuivre la cuisson à intensité moyenne pendant 5 minutes. Éteindre le feu et provoquer la détente instantanée de la pression. Servir le poulet accompagné de pain croûté (pour le tremper dans cette sauce exquise), de haricots verts et d'une salade.

Plat traditionnel et nourrissant. Il se prépare en moins d'une heure et constitue un repas complet. Conserver le liquide de cuisson en vue d'une soupe ; elle sera délicieuse.

poulet et dumplings au persil

4 à 6 portions

1 poulet fermier (environ 1,5 à 2 kg)
1 feuille de laurier
1 gousse d'ail non pelée
4 branches de céleri coupées en tronçons de 1,25 cm environ, en diagonale
4 carottes coupées en tronçons de 1,25 cm environ, en diagonale
les blancs de 2 ou 3 petits poireaux, coupés en tronçons 1,25 cm environ, en diagonale
½ c. à thé de fines herbes séchées assorties

Pour les dumplings :
2 tasses de farine tout usage (250 g)
1 c. à thé de sel
2 c. à thé de levure chimique
2 c. à table d'huile végétale
quelques feuilles de persil hachées
4 ou 5 c. à table de feuilles de sauge fraîche, déchirées
sel et poivre noir du moulin

Réunir le poulet, la feuille de laurier et l'ail dans l'autocuiseur. Y verser 5 cm d'eau. Fixer le couvercle. Une fois la pression maximale atteinte, réduire le feu et poursuivre la cuisson à intensité moyenne, pendant 20 minutes pour un petit poulet, ou pendant 25 minutes pour un plus gros. Éteindre le feu et provoquer la détente instantanée de la pression.

Dès qu'on peut soulever le couvercle, retirer le poulet soigneusement. Veiller à laisser un maximum de liquide dans l'autocuiseur. Réserver le poulet. Mettre les légumes et les herbes séchées dans l'autocuiseur. Fixer le couvercle. Élever de nouveau la pression au maximum, réduire le feu et poursuivre la cuisson à intensité moyenne pendant 3 minutes. Éteindre le feu et provoquer la détente instantanée de la pression.

Entre-temps, commencer la préparation des dumplings. Il est préférable de les confectionner peu de temps avant la cuisson. Dans un grand bol, mélanger tous les ingrédients. Relever la préparation de sel et de poivre noir du moulin. Ajouter tout juste assez d'eau (environ 150 ml) pour obtenir une pâte épaisse. Diviser celle-ci en 16 parts égales : les abaisser de manière à obtenir des boules légèrement aplaties.

Dès qu'on peut soulever le couvercle, retirer les légumes de l'autocuiseur à l'aide d'une écumoire. Faire frémir le liquide de l'autocuiseur. Y laisser tomber les dumplings ; les cuire sans pression pendant 15 minutes environ.

Dans l'intervalle, partager le poulet en morceaux si on le désire, et déposer ceux-ci dans une assiette de service avec les légumes. (On peut aussi le laisser entier.) Disposer les dumplings en couronne dans l'assiette. Servir le plat immédiatement, en faisant circuler la saucière parmi les convives.

Ici, l'avocat est une délicieuse surprise. Il faut impérativement choisir des avocats de la variété hass, bien mûrs. Si on ne peut en trouver, on les omettra, tout simplement.

soupe de poulet à la cubaine

4 portions

2 ou 3 c. à table d'huile végétale

500 g de chair de poulet fermier, coupée en cubes ou en tranches épaisses

1 l de bouillon de poulet (on peut aussi prendre des cubes)

1 oignon coupé en quatre

1 c. à thé de cumin moulu

1 feuille de laurier

4 petites pommes de terre à chair ferme coupées en tranches épaisses

50 g d'orzo ou de très petites pâtes alimentaires

8 tomates cerises coupées en deux

coriandre fraîche hachée, pour la garniture (facultatif)

tranches d'orange et d'avocat, en guise d'accompagnement au moment de servir

Verser dans l'autocuiseur assez d'huile pour en recouvrir le fond. Chauffer à feu vif. Faire sauter les morceaux de poulet assez longtemps pour leur donner un peu de couleur (de 3 à 5 minutes). Verser le bouillon et ajouter tous les autres ingrédients, à l'exception des tomates. Fixer le couvercle. Une fois la pression maximale atteinte, réduire le feu et poursuivre la cuisson à intensité moyenne pendant 5 minutes. Éteindre le feu et provoquer la détente instantanée de la pression.

Dès que la pression est retombée, ajouter les tomates au contenu de l'autocuiseur, puis remettre le couvercle. Laisser mijoter sans pression, le temps que les tomates ramollissent. Servir la soupe en proposant aux convives des tranches d'orange et d'avocat en guise d'accompagnement. On peut aussi garnir la soupe de coriandre fraîche.

bouillon de poulet

La préparation d'un fond de volaille exige énormément de temps (celle d'un fond de viande encore plus): il faut des heures pour extraire toutes les saveurs des os. De plus, cette cuisson doit s'opérer en douceur, autrement le fond devient trouble. Mon ami John Whiting, qui en sait plus sur l'autocuiseur que je ne pourrai en apprendre dans une vie, ne se laisse pas «troubler» par un fond trouble; c'est pourquoi il n'hésite pas à utiliser l'autocuiseur dans sa préparation de fonds. Pour ma part, je suis un amateur de bouillons bien transparents et je m'en tiens donc à la cuisson classique, à petit feu. Une exception, toutefois : la préparation d'un bouillon à partir de carcasses de poulet ou de canard déjà cuit. À mes yeux, il ne s'agit pas d'un «vrai» fond. Et comme j'utilise ce bouillon dans les soupes de tous les jours, peu m'importe qu'il soit transparent ou opaque.

Méthode: Débiter la carcasse en 4 ou 5 morceaux en récupérant les parures. Tout déposer dans l'autocuiseur avec une carotte, une branche de céleri, de l'ail, des fines herbes séchées et un oignon coupé en deux. Recouvrir les ingrédients d'eau et fixer le couvercle. Une fois la pression maximale atteinte, réduire le feu et poursuivre la cuisson à intensité moyenne pendant 5 minutes. Éteindre le feu et laisser la vapeur s'échapper lentement. Il suffit enfin de filtrer le fond pour en extraire les parties solides.

Recette inspirée de *Noodles : The New Way*, de Sri Owen.

soupe indonésienne de poulet et nouilles aux œufs

4 portions

4 quarts de poulet, cuisses (meilleur choix) ou poitrines
1 l de bouillon de poulet léger ou d'eau
1 tasse de nouilles aux œufs (250 g)
1 ½ tasse de fèves germées (100 g)
quelques tiges de persil frais hachées finement
1 oignon vert haché finement
4 tranches de citron, pour la garniture

Pour la pâte d'épices :
1 gros oignon haché finement
3 grosses gousses d'ail hachées finement
un morceau de 2,5 cm de gingembre frais, haché finement
5 amandes blanchies, hachées finement
¼ c. à thé de curcuma
1 c. à thé de chili en poudre
2 c. à table d'huile végétale

Pour préparer la pâte d'épices, réunir tous les ingrédients dans le mélangeur et ajouter un peu d'eau. Battre la préparation jusqu'à homogénéité. Récupérer la pâte à la spatule et la réserver dans un bol.

Déposer les morceaux de poulet dans l'autocuiseur, avec le bouillon de poulet ou l'eau. Fixer le couvercle. Une fois la pression maximale atteinte, réduire le feu et poursuivre la cuisson à intensité moyenne pendant 5 minutes. Éteindre le feu et provoquer la détente instantanée de la pression. Lorsque le poulet a suffisamment refroidi pour être manipulé, le désosser et partager sa chair en petits morceaux. Conserver les os. Passer le liquide de cuisson au tamis et le recueillir dans une casserole ou dans un pot.

Chauffer la pâte d'épices dans l'autocuiseur en la remuant constamment pendant quelques minutes. Remettre la chair et les os du poulet dans l'autocuiseur. Y verser le bouillon réservé. Fixer le couvercle. Élever de nouveau la pression au maximum, réduire le feu et poursuivre la cuisson à intensité moyenne pendant 3 minutes. Éteindre le feu et provoquer la détente instantanée de la pression.

Entre-temps, cuire les nouilles al dente en suivant le mode d'emploi fourni sur l'emballage. Bien égoutter, rincer sous l'eau froide et réserver les nouilles.

Dès qu'on peut soulever le couvercle de l'autocuiseur, retirer les os, puis ajouter les nouilles et les germes de haricots. Laisser chauffer une minute. Répartir la soupe entre quatre bols, la garnir de persil, d'échalote et d'une tranche de citron. Servir immédiatement.

Voici une recette très savoureuse qui rappelle le pain de viande. Pour la réaliser, il faut prendre les meilleurs hauts de cuisse de poulet qui soient. Tenter de hacher la volaille soi-même.

pain de poulet aux fines herbes

3 ou 4 portions

800 g de chair de poulet fermier ou 1 kg de hauts de cuisse
une bonne poignée de chapelure sèche
quelques feuilles de persil frais et de menthe fraîche hachées finement
2 grosses gousses d'ail hachées finement
2 tranches d'oignon épaisses hachées grossièrement
1 c. à table d'huile végétale
2 c. à table de vin blanc sec
sel et poivre noir du moulin

Chauffer l'autocuiseur, dans lequel on aura préalablement versé au moins 5 cm d'eau et installé un panier cuit-vapeur (ou un dispositif semblable).

Si on hache le poulet soi-même, en retirer la peau et les os, et s'aider de deux grands couteaux ou, s'il le faut, du robot culinaire.

Déposer le poulet dans un plat allant au four et pouvant être introduit dans l'autocuiseur : un espace d'au moins 2,5 cm est nécessaire entre les parois de ce dernier et celles du plat. Ajouter du sel et du poivre noir du moulin. Bien mélanger le poulet avec tous les autres ingrédients (idéalement à la main).

Introduire le plat dans le panier cuit-vapeur. Fixer le couvercle. Une fois la pression maximale atteinte, réduire le feu et poursuivre la cuisson à intensité moyenne pendant 20 minutes. Éteindre le feu et provoquer la détente instantanée de la pression. Servir le poulet bien chaud, accompagné de pain ou d'une purée de pommes de terre.

Ma mère, une cuisinière talentueuse, avait l'habitude de préparer ce délicieux plat de canard quand elle recevait des convives. En dressant l'inventaire de sa bibliothèque après son décès, j'ai trouvé sa recette dans *Ess Gezunterhayt*, une brochure publiée par un organisme de charité au début des années 60. En yiddish, *Ess Gezunterhayt* (ou *Gezunterhait*) signifie « manger santé ». Remarque : le plat proposé ici est un canard accommodé à l'ancienne, dont la chair se détache toute seule des os.

le canard de ma mère

4 portions

1 canard de grosseur moyenne (1,75 à 2,25 kg)

2 ou 3 c. à table d'huile végétale pour rissoler le canard

12 petits oignons blancs pelés mais laissés entiers (ou des échalotes françaises)

2 c. à table de farine

3 c. à table de cognac ou d'un bon brandy

100 ml de vin blanc sec

250 ml de bouillon de poulet ou de canard

1 bouquet garni ou 1 c. à thé de fines herbes séchées assorties, par exemple des herbes de Provence

1 c. à thé de purée de tomates

1 carotte

12 petits champignons de paris

sel et poivre noir du moulin

quelques feuilles de persil frais hachées finement, pour la garniture

Débiter le canard ou demander au boucher de le faire. Les cuisses doivent être partagées en hauts de cuisse et en pilons. Partager la poitrine en deux. Enlever les extrémités des ailes. Utiliser les parures pour préparer le bouillon de canard ou, si on préfère, les mettre dans l'autocuiseur avec les morceaux qui seront servis.

Verser dans l'autocuiseur assez d'huile pour en recouvrir le fond. Saler le canard et le relever de poivre noir du moulin, puis entreprendre sa cuisson à feu mi-vif, quelques morceaux à la fois. Les faire revenir légèrement et aussi uniformément que possible, puis les réserver dans une assiette. Faire rissoler les oignons et les réserver également dans une assiette. Verser l'excédent d'huile hors de l'autocuiseur, en y conservant environ 2 cuillerées à table.

Remettre l'autocuiseur sur le feu et incorporer la farine dans l'huile. Une fois la farine bien intégrée à la matière grasse, ajouter le cognac ainsi que le vin, le bouillon, les fines herbes et la purée de tomates. Porter la préparation à ébullition. Ajouter les morceaux de canard et la carotte. Fixer le couvercle. Une fois la pression maximale atteinte, réduire le feu et poursuivre la cuisson à intensité moyenne pendant 20 minutes. Éteindre le feu et provoquer la détente instantanée de la pression.

Durant la cuisson du canard, mettre les oignons ou les échalotes dans une casserole, et les recouvrir d'eau ou de bouillon. Laisser la préparation mijoter à feu vif pendant 15 minutes, puis égoutter les oignons. Ajouter les oignons et les champignons. Fixer le couvercle. Élever de nouveau la pression au maximum, réduire le feu et poursuivre la cuisson à intensité moyenne pendant 5 minutes supplémentaires. Retirer tous les ingrédients solides de l'autocuiseur et réserver la carotte.

Écraser la carotte dans un tamis fin de manière à récupérer une purée qu'on remettra dans l'autocuiseur. Incorporer cette purée au liquide de cuisson et bien remuer. Goûter le liquide. S'il est trop clair, le faire bouillir quelque temps. Si, au contraire, la quantité de liquide est insuffisante, ajouter un peu de bouillon ou d'eau. Servir le canard accompagné de riz ou de purée de pommes de terre et parsemer de persil.

On abuse souvent du terme «confit». Le confit de canard véritable est une cuisse de canard cuite longuement dans le gras; ainsi noyée dans les matières grasses, elle se conserve longtemps. Ce n'est pas une préparation facile à réaliser, à moins de disposer de quantités industrielles de gras. La version express qui suit, cuite à la vapeur, est tout de même très savoureuse. De plus, tout comme le confit véritable, ces cuisses peuvent être saisies rapidement après la cuisson sous pression afin d'obtenir une peau craquante. Compter une cuisse par personne.

« confit » de canard

4 portions

4 cuisses de canard dont le gras aura été mis de côté

½ c. à thé d'herbes de Provence ou d'autres fines herbes assorties

1 feuille de laurier

1 grosse gousse d'ail pelée mais laissée entière

2 c. à table de vin blanc sec

sel et poivre noir du moulin

Frotter la chair du canard avec des herbes, un peu de sel et une bonne quantité de poivre du moulin. Le laisser reposer au réfrigérateur une heure, si possible deux. Cette étape permet aux assaisonnements de pénétrer la chair.

Chauffer l'autocuiseur, dans lequel on aura préalablement versé au moins 5 cm d'eau et installé un panier cuit-vapeur (ou un dispositif semblable). Déposer les cuisses de canard dans un plat allant au four et pouvant être introduit dans l'autocuiseur: un espace d'au moins 2,5 cm doit être dégagé entre les parois de ce dernier et celles du plat. Glisser la feuille de laurier et l'ail sous les cuisses de canard. Les arroser de vin. Fixer le couvercle. Une fois la pression maximale atteinte, réduire le feu et poursuivre la cuisson à intensité moyenne pendant 10 minutes. Éteindre le feu et provoquer la détente instantanée de la pression. Laisser refroidir le canard. Le réfrigérer s'il n'est pas consommé immédiatement.

Utiliser le gras mis de côté pour rissoler les pommes de terre ou relever la saveur de légumes cuits à l'autocuiseur.

canard partiellement cuit pour deux

On peut réaliser un plat de canard très savoureux en faisant cuire partiellement des poitrines ou des cuisses sous pression, puis en terminant la cuisson à la poêle. Cuire le canard sous pression pendant 5 minutes seulement. Provoquer la détente instantanée de la pression, puis poursuivre la cuisson à feu moyen dans une poêle antiadhésive, le temps de faire dorer les cuisses. Remarque: pendant le rissolage du canard, on peut utiliser la chaleur résiduelle de l'autocuiseur pour y cuire quelques légumes, par exemple des haricots verts ou des courgettes.

Ce plat est d'inspiration chinoise, aussi bien par ses saveurs que par la coupe du canard. Idéalement, on entreprend la recette la veille afin que les saveurs piquantes aient le temps de s'atténuer. À table, les convives s'en donneront à cœur joie! Si on n'a pas de couperet à viande, il n'y a pas de mal à demander au boucher de débiter la volaille lui-même.

canard aux cinq épices

4 portions

1 petit canard (environ 1,75 kg)
2 c. à thé de cinq épices chinoises
1 c. à thé de poivre noir du moulin
¼ c. à thé de piment doux en poudre
2 c. à thé de vin de riz chinois ou de xérès sec
2 c. à thé de sauce soya

Débiter le canard en morceaux ou demander au boucher de le faire lui-même, selon les instructions suivantes. Partager le canard en quatre morceaux. En retirer la colonne vertébrale et la couper en tronçons de 5 cm environ. Séparer les poitrines en morceaux de taille semblable. Débiter les cuisses, puis couper les pilons et les hauts de cuisse en deux.

Chauffer l'autocuiseur, dans lequel on aura préalablement versé au moins 5 cm d'eau et installé un panier cuit-vapeur (ou un dispositif semblable). Déposer le canard dans un plat allant au four et pouvant être introduit dans l'autocuiseur : un espace d'au moins 2,5 cm est nécessaire entre les parois de ce dernier et celles du plat. Ajouter tous les autres ingrédients et bien les remuer (idéalement à la main). Introduire le plat dans le panier cuit-vapeur. Fixer le couvercle. Une fois la pression maximale atteinte, réduire le feu et poursuivre la cuisson à intensité moyenne pendant 10 minutes. Éteindre le feu et provoquer la détente instantanée de la pression.

On peut achever la cuisson sans attendre ou la remettre au lendemain. Si on opte pour cette dernière solution, laisser le canard refroidir, le recouvrir et le réfrigérer. Pour terminer la cuisson, chauffer le gril du four. Disposer les morceaux de canard dans un plat allant au four, côté chair orienté vers le haut, sous l'élément brûlant. Griller la chair juste assez longtemps pour qu'elle se mette à grésiller (environ 3 à 5 minutes). Retourner les morceaux de canard et les laisser griller de nouveau, jusqu'à ce que la peau soit bien dorée et craquante. Servir le canard sans attendre, accompagné de riz ou de nouilles. Insister pour que les convives mangent avec les doigts.

On peut faire dorer la pintade à la poêle ou directement dans l'autocuiseur.

pintade à l'orange et aux épices

2 ou 3 portions

1 pintade
2 ou 3 c. à table d'huile végétale
1 gros oignon coupé en tranches épaisses
2 clous de girofle entiers
1 bâton de cannelle
2 grains de piment de la Jamaïque (aussi appelé *toute-épice* ou *quatre-épices*)
2 baies de genièvre
2 grosses lanières d'écorce d'orange, fraîches ou séchées
2 c. à table de farine tout usage
400 ml de bouillon ou d'eau
50 ml de vin blanc sec
sel et poivre noir du moulin
cresson de fontaine, pour la garniture (facultatif)

Faire rissoler la volaille doucement, dans une poêle épaisse (ou dans l'autocuiseur) juste assez huilée pour que soit recouvert son fond. Il est impossible de saisir la totalité de la volaille, mais dorer les poitrines et le dos suffira. Si on a utilisé une poêle, transférer la pintade dans l'autocuiseur. Disposer les oignons autour de celle-ci, puis répartir les épices, l'écorce d'orange et la farine sur les oignons. Verser 350 ml de bouillon ou d'eau. Saler et poivrer la préparation.

Fixer le couvercle. Une fois la pression maximale atteinte, réduire le feu et poursuivre la cuisson à intensité moyenne, pendant 20 minutes pour une cuisson à point, ou pendant 25 minutes si on préfère une chair qui se détache aisément des os. Éteindre le feu et provoquer la détente instantanée de la pression.

Pendant que la volaille repose, verser le reste du bouillon et le vin dans l'autocuiseur, et faire mijoter à feu vif pendant 10 minutes environ. Servir la pintade accompagnée de pommes de terre, et garnir le plat de cresson de fontaine si on le désire.

Voici un plat qui se déguste en été ou au début de l'automne, alors que les tomates sont bien rouges, mûres et savoureuses. Hors saison, on peut se tirer d'affaire en prenant des tomates en conserve ; le plat sera bon, mais pas autant. Remarque : à défaut de trouver une pintade, on la remplacera par un petit poulet.

pintade poêlée aux tomates et aux fines herbes

3 ou 4 portions

- 2 ou 3 c. à table d'huile végétale
- 1 petite pintade ou 1 petit poulet fermier (de 1 à 1,5 kg)
- 1 gros oignon haché grossièrement
- 1 c. à table de farine
- 6 grosses gousses d'ail hachées en morceaux
- 125 ml de vin blanc sec
- 125 ml d'eau ou de bouillon de poulet
- 4 tomates rouges bien mûres, coupées en quatre
- 2 ou 3 tiges de thym frais
- 2 ou 3 petites tiges de romarin frais
- 4 ou 5 feuilles de laurier, de préférence sur une même tige
- 8 tomates cerises bien mûres, coupées en deux
- sel et poivre noir du moulin
- 8 ou 10 feuilles de basilic déchiquetées, pour la garniture

Verser dans l'autocuiseur assez d'huile pour en recouvrir le fond. Chauffer à feu mi-vif. Rissoler la pintade quelques minutes en la retournant pour la colorer légèrement. La réserver dans une assiette.

Au besoin, ajouter un peu d'huile et, en remuant régulièrement, cuire la farine et l'oignon, juste assez pour colorer ce dernier légèrement (de 4 à 5 minutes). Remettre la volaille dans l'autocuiseur et ajouter les ingrédients restants, à l'exception des tomates cerises. Relever la préparation de sel et de poivre noir du moulin. Fixer le couvercle. Une fois la pression maximale atteinte, réduire le feu et poursuivre la cuisson à intensité moyenne pendant 20 minutes. Éteindre le feu et provoquer la détente instantanée de la pression.

Dès qu'on peut ôter le couvercle, retirer la pintade de l'autocuiseur et la déposer dans une assiette de service profonde. Ajouter les tomates cerises et poursuivre la cuisson. Laisser la préparation mijoter à feu doux, juste assez pour ramollir un peu les tomates (environ 4 ou 5 minutes). Disposer la sauce et les tomates autour de la pintade, et décorer l'assiette de basilic. Servir la pintade accompagnée de pain croûté ou de riz nature.

les féculents

L'autocuiseur permet de préparer la majorité des féculents, par exemple les purées de pommes de terre, les légumineuses, le riz nature, les risottos — lesquels, au sortir de l'appareil, ne se distinguent pas de leurs versions classiques. (Si, bien sûr, on exclut le fait qu'ils sont prêts en une fraction du temps habituel...) J'aime particulièrement préparer les légumineuses à l'autocuiseur, car elles y sont prêtes en aussi peu que cinq minutes. En y ajoutant des épices et un morceau d'agneau ou de poulet, on a un repas complet sur la table, 15 minutes après être rentré du travail.

Le riz cuit sous pression est tout aussi bon que celui préparé dans la casserole classique. La méthode proposée ici présente l'avantage d'offrir une façon agréable de servir le riz sans effort particulier. Par ailleurs, de l'avis de bien des gens, le plat qui se réussit le mieux à l'autocuiseur est le risotto. On se souvient que, pour préparer un risotto, il est recommandé de remuer, remuer et remuer les ingrédients, pendant une heure ou presque, n'est-ce pas? Balivernes. On peut maintenant en rire.

La cuisson classique du riz étant déjà simple et rapide, j'ai d'abord cru que l'autocuiseur n'entraînerait qu'une perte de temps. C'est Vicky Smith dans son *Miss Vickie's Big Book of Pressure Cooker Recipes* qui m'a convaincu du contraire. J'ai mis sa méthode à l'épreuve et j'ai obtenu des résultats parfaits. Le temps écoulé entre le produit brut et le produit fini n'est pas très différent de celui de la méthode classique, mais un certain gain est quand même réalisé. De plus, l'autocuiseur permet d'obtenir une présentation attrayante, et ce, sans difficulté.

riz

6 portions

400 ml de riz à grains longs

Rincer trois ou quatre fois le riz à l'eau froide, jusqu'à ce que l'eau qui s'en écoule soit transparente. De la sorte, on débarrasse les grains de leur amidon libre et on obtient des grains cuits bien séparés.

Placer le riz dans un bol plutôt profond, d'une capacité de 1 à 1,5 litre, qui pourra à la fois contenir la céréale lorsqu'elle aura doublé ou triplé de volume et être introduit dans l'autocuiseur : un espace d'au moins 2,5 cm est nécessaire entre les parois de ce dernier et celles du bol. Verser dans le bol 600 ml d'eau, ou du bouillon de poulet léger si on en a sous la main.

Chauffer l'autocuiseur, dans lequel on aura préalablement versé au moins 5 cm d'eau et installé un panier cuit-vapeur (ou un dispositif semblable). Introduire le bol dans le panier vapeur. Fixer le couvercle. Une fois la pression maximale atteinte, réduire le feu et poursuivre la cuisson à intensité moyenne pendant 4 minutes. Éteindre le feu et laisser la vapeur s'échapper lentement. Servir le riz à même le bol de cuisson ou le renverser dans une assiette de service, où on le couvrira de légumes, d'un cari ou d'autres accompagnements.

riz intéressant

Pour rehausser la saveur du riz, on peut y ajouter certains ingrédients avant de le cuire, par exemple :
1 ou 2 grosses gousses d'ail hachées finement
1 ou 2 tranches minces de gingembre frais, pelées et hachées finement
½ c. à thé d'herbes de Provence ou d'autres fines herbes assorties
1 c. à thé d'épices, par exemple des graines entières de coriandre, de cumin ou de fenouil
1 c. à thé de purée de tomates

Cette recette a été publiée dans mon livre *The Green Kitchen*. Je la reproduis telle quelle, pour la simple et bonne raison que je ne saurais l'améliorer.

risotto de base

3 ou 4 portions d'accompagnement

1 petit oignon haché finement

1 grosse noix de beurre, ou 1 noix plus petite couplée à 1 c. à table d'huile d'olive extra vierge

1 ¼ tasse de riz arborio (250 g)

600 ml de bouillon de poulet maison

quelques feuilles de persil frais hachées finement

du parmesan fraîchement râpé, au goût

sel et poivre noir du moulin

Chauffer à feu doux l'oignon et le beurre (ou le mélange de beurre et d'huile) dans l'autocuiseur. Faire suer l'oignon quelques minutes (c'est-à-dire le cuire sans le laisser se colorer), juste assez pour le ramollir et en atténuer le goût. Ajouter le riz et bien enrober les grains du mélange d'oignons. Le riz devrait acquérir un aspect luisant et translucide ; cette étape exige de 2 à 3 minutes de cuisson.

Ajouter le bouillon, un peu de sel et beaucoup de poivre. Fixer le couvercle. Une fois la pression maximale atteinte, réduire le feu et poursuivre la cuisson à intensité moyenne pendant 5 minutes. Éteindre le feu et provoquer la détente instantanée de la pression. Retirer le couvercle dès que possible. Ajouter le persil haché et un peu de fromage. Le couvercle entrouvert, laisser la cuisson se poursuivre 2 ou 3 minutes. Les convives pourront ajouter du fromage, au goût.

variations sur le risotto

Le risotto de base se cuit très bien à l'autocuiseur. On peut y tester de nombreuses variations qui rendent ce plat encore plus intéressant.

Les petits pois et le riz forment un couple heureux — et les petits pois, comme bien d'autres légumes, sont tout aussi bons surgelés que frais, sinon meilleurs. Si on n'a pas de basilic, prendre du persil.

risotto aux petits pois et au basilic

2 ou 3 portions comme plat principal, 4 à 6 en entrée

1 recette de base de risotto (page 98)
1 ¾ tasse de petits pois surgelés (250 g)
8 ou 10 feuilles de basilic déchiquetées grossièrement

Pendant la cuisson du risotto, cuire les petits pois, de préférence au micro-ondes. Lorsque le risotto est prêt, mettre les petits pois dans l'autocuiseur jusqu'à ce qu'ils soient bien réchauffés. Garnir le plat de basilic avant de servir.

J'aime les escalopes légèrement cuites, et cette recette permet de les apprêter ainsi, sans avoir recours à la chaleur directe.

risotto de pétoncles au piment et à la lime

2 ou 3 portions comme plat principal, 4 à 6 en entrée

1 recette de base de risotto (page 98)
250 g de pétoncles de 6 mm d'épaisseur
1 petit morceau de piment rouge frais d'environ 1,25 cm, épépiné si on le désire et haché finement
le jus d'une demi-lime

Laisser les pétoncles mariner dans le piment et le jus de lime pendant une heure ou deux, au réfrigérateur. Lorsque le risotto est cuit, les ajouter au contenu de l'autocuiseur jusqu'à ce qu'ils soient chauds. Remarque : dans cette recette, les pétoncles ne sont cuits que très légèrement. Si on les souhaite plus à point, les cuire dans une poêle ou au micro-ondes pendant une minute environ avant de les ajouter au risotto.

On peut utiliser des crevettes surgelées. Pratiques, elles permettent de concocter un repas à la fois chic et vite fait.

risotto de crevettes au citron

2 ou 3 portions comme plat principal, 4 à 6 en entrée

250 g de crevettes cuites et décortiquées, décongelées

le jus et le zeste râpé d'un demi-citron

1 petite gousse d'ail hachée finement

1 recette de base de risotto (page 98)

persil frais haché, pour la garniture

Laisser macérer les crevettes avec l'ail ainsi que le jus et le zeste de citron durant une heure ou deux, au réfrigérateur. Préparer le risotto. Lorsqu'il est prêt, y ajouter la préparation de crevettes jusqu'à ce que celles-ci soient bien chaudes. Garnir le plat de persil.

J'ai déjà cru que la façon la plus rapide et la plus aisée de préparer la polenta était la cuisson au micro-ondes. J'avais tort. L'autocuiseur bat le four à micro-ondes à plate couture. Il existe cependant des limites quant aux quantités que l'on peut y cuire : on doit veiller à ne pas trop le remplir, car en gonflant, les céréales risquent d'obstruer la soupape de sûreté et d'occasionner des problèmes.

Les quantités indiquées ici suffisent pour six plats d'accompagnement.

polenta

6 portions

1 tasse de semoule de maïs à polenta (175 g)

1 l d'eau

1 c. à thé de sel

2 c. à table d'huile d'olive extra vierge

Dans l'autocuiseur, chauffer à feu vif tous les ingrédients à l'exception de l'huile. À l'aide d'un fouet, battre le mélange constamment, jusqu'à ce qu'il commence à bouillir vivement (cela prendra de 3 à 5 minutes). Fixer le couvercle. Une fois la pression maximale atteinte, réduire le feu et poursuivre la cuisson à intensité moyenne pendant 5 minutes. Éteindre le feu et provoquer la détente instantanée de la pression.

Dès qu'on peut retirer le couvercle, ajouter l'huile en fouettant vigoureusement la préparation. Servir la polenta telle quelle, ou l'étendre dans un plat peu profond. Une fois refroidie, on la découpe en cubes à griller, à frire ou à cuire au four.

variantes

Remplacer l'huile d'olive par ¼ tasse de beurre (50 g). On obtient alors un plat connu sous le nom de *grits* dans le sud des États-Unis. Les *grits* sont consommés tendres, parfois avec du fromage râpé. On parle alors de *cheese grits*, un plat délicieux. Si on prépare la version fromagée, il est recommandé d'utiliser un cheddar fort.

La préparation de la purée de pommes de terre se trouve considérablement accélérée grâce à l'autocuiseur. Par ailleurs, celui-ci laisse les pommes de terre plus sèches que les méthodes de cuisson classiques.

Voici une méthode de base, ainsi que quelques suggestions pour utiliser la purée de pommes de terre obtenue. Remarque : de cette façon, on peut préparer la purée en grande quantité, à condition de ne jamais remplir l'autocuiseur à plus des deux tiers de sa capacité.

purée de pommes de terre

4 à 6 portions

6 ¼ tasses de pommes de terre à texture farineuse (1 kg), par exemple des russet (aussi appelées idaho), pelées et coupées en morceaux de 2,5 cm
½ à ¾ tasse de beurre (100 à 200 g)
300 à 400 ml de lait
sel et poivre noir du moulin

Mettre les pommes de terre dans le panier cuit-vapeur (ou dans un dispositif semblable), installé dans l'autocuiseur contenant environ 7,5 cm d'eau. Fixer le couvercle. Une fois la pression maximale atteinte, réduire le feu et poursuivre la cuisson à intensité moyenne pendant 10 minutes. Éteindre le feu et provoquer la détente instantanée de la pression. Dès que la pression sera retombée, retirer les pommes de terre et jeter l'eau de cuisson. Remettre les pommes de terre dans l'autocuiseur et les chauffer à feu doux. Ajouter le beurre au goût, bien mélanger la préparation, assaisonner de sel et de poivre noir du moulin. Ajouter suffisamment de lait pour obtenir une purée de la consistance voulue. On peut laisser reposer la purée sur le feu éteint durant quelques heures avant de la manger.

Préparé à partir de pommes de terre, de chou et de beurre de qualité, ce célèbre plat irlandais est un vrai délice. Même avec des ingrédients bien ordinaires, il reste savoureux.

colcannon

6 portions

3 tasses de pommes de terre à texture farineuse (500 g), par exemple des russet (idaho), pelées et coupées en cubes de 2,5 cm
1 petit chou blanc ou 1 chou pommé vert, coupé en tranches épaisses
150 à 200 ml de lait
¼ à ¾ tasse de beurre (50 à 200 g)
sel et poivre noir du moulin

Cuire les pommes de terre comme indiqué précédemment. Dès que la pression sera retombée, transférer les pommes de terre dans une autre casserole. Réserver l'eau de cuisson.

Mettre le chou dans l'autocuiseur. Fixer le couvercle. Une fois la pression maximale atteinte, réduire le feu et poursuivre la cuisson à intensité moyenne pendant 3 minutes. Éteindre le feu et provoquer la détente instantanée de la pression. Entre-temps, préparer la purée de pommes de terre avec la moitié du lait et du beurre.

Laisser égoutter le chou puis l'ajouter aux pommes de terre. Assaisonner de sel et de poivre noir du moulin. Ajouter suffisamment de lait et de beurre pour obtenir une purée de consistance crémeuse. Ne pas se préoccuper des grumeaux. Servir le *colcannon* immédiatement. Remarque : si on veut créer un *colcannon* authentique et traditionnel, on ajoute du beurre dans un puits creusé au sommet des pommes de terre, juste avant de le servir.

Cet autre mets irlandais célèbre est à la fois simple et élégant. On peut sans problème doubler la quantité d'oignons verts : ce sont eux qui donnent son âme au plat.

champ

6 portions

1 recette de *purée de pommes de terre* (page 103), sans beurre ni lait
10 à 12 oignons verts, hachés grossièrement
400 ml de lait
environ ½ tasse de beurre (100 g), au goût
sel et poivre noir du moulin

Pendant que les pommes de terre cuisent, mettre les oignons verts et le lait dans une petite casserole. Les porter à ébullition, éteindre le feu et laisser reposer le temps que les pommes de terre terminent leur cuisson. Lorsque celles-ci sont prêtes, les faire égoutter puis les réduire en purée, sans ajouter ni lait ni beurre. Incorporer les oignons verts et le lait, assaisonner et ajouter du beurre au goût (commencer par ½ tasse [100 g] et augmenter la quantité s'il le faut). Pour créer un *champ* authentique et traditionnel, on ajoute du beurre dans un puits creusé au sommet des pommes de terre, juste avant de le servir.

Un accompagnement ou un plat principal végétarien merveilleux.

dhal

4 portions comme plat principal, 6 en accompagnement

1 ½ tasse de pois cassés jaunes (300 g)

1 petit oignon haché finement

2 c. à table d'huile végétale

5 grosses gousses d'ail hachées finement

1 ou 2 petits piments, épépinés et hachés finement

3 tranches minces de gingembre frais, hachées finement

½ c. à thé de curcuma moulu

coriandre hachée finement, oignons frits, ou un mélange des deux, pour la garniture

Laisser tremper les pois dans l'eau pendant la préparation des autres ingrédients. Mettre les oignons dans l'autocuiseur avec l'huile végétale ; les faire revenir à feu vif pendant quelques minutes, assez longtemps pour qu'ils commencent à dégager un arôme agréable et qu'ils se colorent un peu. Ajouter l'ail, les piments et le gingembre, et poursuivre la cuisson quelques minutes, en prenant soin que l'ail ne brûle pas (il acquerrait alors une saveur amère).

Faire égoutter les pois et les mettre dans l'autocuiseur avec le curcuma. Bien remuer la préparation et verser 750 ml d'eau. Fixer le couvercle. Une fois la pression maximale atteinte, poursuivre la cuisson à intensité moyenne pendant 10 minutes si l'on souhaite les légumineuses très molles, ou pendant 5 minutes si on les veut plus fermes. Dans le doute, on les goûte après 5 minutes de cuisson (on laisse d'abord la vapeur s'échapper) ; si les pois sont trop fermes, on reprend alors la cuisson sous pression pour quelques minutes. Puis on éteint le feu et on provoque la détente instantanée de la pression.

On réduit normalement le dhal en purée pour lui donner une consistance crémeuse, mais, à mon sens, ce n'est pas nécessaire. Si la préparation paraît trop épaisse — le dhal est censé avoir la fluidité d'une soupe — ajouter de l'eau. Garnir le plat de coriandre hachée finement, d'oignons croustillants frits à l'huile végétale, ou d'une combinaison coriandre-oignon.

les légumineuses

Une fois l'amateur de légumineuses converti à l'autocuiseur, il risque peu de revenir aux méthodes traditionnelles de cuisson. Dans la casserole classique, les temps de cuisson varient de 45 minutes à 2 heures (ou même plus, si les légumineuses sont très vieilles). L'autocuiseur réduit ce temps à 10 minutes ou moins. Il y a un hic, cependant : avec les légumineuses, le danger de trop remplir l'autocuiseur est réel, car le liquide de cuisson, riche en féculents, risque d'obstruer la soupape de sécurité. Il faut à tout prix éviter une telle situation. En fait, la règle des deux tiers n'est jamais aussi pertinente qu'ici. Par ailleurs, à l'exception des lentilles roses cassées, les légumineuses destinées à l'autocuiseur doivent être soumises à un trempage préalable. Il faut soit les faire tremper toute la nuit dans l'eau froide, soit les noyer d'eau bouillante puis les laisser reposer une heure ou deux. Finalement, on les laisse égoutter avant de les rincer.

temps de cuisson des légumineuses

Les temps recommandés pour la cuisson des légumineuses varient selon les sources. Ces divergences entraînent un flou dont nous n'avons que faire. Pour avoir cuisiné toutes sortes de légumineuses, j'en arrive empiriquement à la conclusion qu'elles cuisent à peu près toutes dans les mêmes temps.

Seulement, il y a un truc à savoir : après la cuisson, il est préférable de laisser la vapeur s'échapper lentement et de laisser la pression revenir à la normale. Le temps de cuisson supplémentaire ainsi obtenu permet de mieux cuire les légumineuses sans consommer d'énergie. Si on est pressé, on prolongera de quelques minutes le temps de cuisson sous pression, et on provoquera la détente instantanée de la pression.

Comme toujours, si les légumineuses ne sont pas à point au moment où l'on retire le couvercle, il suffit de fixer celui-ci de nouveau et de poursuivre la cuisson. Cette manœuvre se révèle nécessaire lorsque les légumineuses achetées sont très vieilles, ce qu'on ne peut constater qu'au moment de la cuisson.

temps de cuisson :

- Légumineuses entières de grande taille (par exemple les haricots cannellini et les pois chiches)
  de 8 à 10 minutes pour des légumineuses tendres
  de 6 à 7 minutes pour des légumineuses al dente

- Légumineuses de type lentilles (roses, jaunes)
  de 4 à 5 minutes

- Petites légumineuses entières (lentilles vertes du puy)
  de 5 à 6 minutes

Le choix dépendra de l'utilisation qu'on fait des légumineuses. Si elles doivent subir une cuisson ultérieure ou si elles sont destinées à une salade, on se contentera de les cuire al dente. Si on les préfère tendres et faciles à écraser, afin qu'elles libèrent un amidon qui épaissira le liquide de cuisson, il est préférable de prolonger leur cuisson.

Si on prépare des légumineuses à l'autocuiseur, on peut se contenter de les cuire à l'eau ou au bouillon. Toutefois, moyennant un petit effort, on peut les aromatiser dès ce premier stade. Voici ma recette de base. J'ajoute du gras de canard ou de bacon, de l'huile végétale ou de l'huile d'olive. Idéalement, on utilise un bouillon préparé soi-même, mais il n'y a pas de mal à prendre du bouillon en cube.

recette de base
de haricots braisés

4 à 6 portions

2 ½ tasses de haricots blancs ou cannellini (500 g), qui auront trempé toute une nuit
2 carottes hachées finement
le blanc d'un petit poireau, haché finement
3 branches de céleri hachées finement
2 gousses d'ail hachées finement
2 c. à table d'huile ou de gras
1 c. à thé d'herbes de Provence ou d'autres fines herbes assorties
1 grosse feuille de laurier
environ 1 l de bouillon non salé

Laisser égoutter les haricots. Réunir tous les ingrédients dans l'autocuiseur à l'exception des haricots, et faire suer les légumes pendant 3 ou 4 minutes (c'est-à-dire les cuire sans qu'ils se colorent), en les remuant à quelques reprises. Lorsque les légumes dégagent un parfum très agréable, y incorporer les haricots et brasser la préparation. Verser le bouillon et s'assurer que les haricots soient recouverts d'environ 2,5 cm de liquide. Ajouter de l'eau au besoin, en n'oubliant pas de ne jamais dépasser les deux tiers du contenant (ou les trois quarts, selon le mode d'emploi du fabricant). Fixer le couvercle. Une fois la pression maximale atteinte, poursuivre la cuisson à feu moyen pendant 8 minutes si on doit consommer les haricots immédiatement, ou pendant 6 minutes s'ils seront intégrés à un autre plat. Éteindre le feu et laisser la vapeur s'échapper lentement.

haricots avec viande sur l'os

Toute cuisine carnivore qui se respecte comporte au moins un plat réunissant viande (habituellement sur l'os) et haricots. Ce genre de plats permet de jouir des saveurs carnées sans consommer trop de viande — un choix santé ! — ni débourser autant que pour un rôti ou un braisé. Il va sans dire qu'ils se prêtent parfaitement à la cuisson sous pression. Pour leur préparation, suivre la recette précédente après avoir cuit la viande à l'autocuiseur. Les viandes susceptibles d'accompagner les légumineuses sont nombreuses :

pattes de porc (une par personne)
souris d'agneau (idem)
1 jarret de porc fumé, ou 2 s'ils sont petits
1 jarret de jambon non cuit, dégorgé s'il est très salé

Pour intégrer ces viandes à ma recette de base de haricots braisés, il faut d'abord cuire la viande à l'autocuiseur pendant 20 minutes dans 500 ml d'eau. Éteindre le feu et provoquer la détente instantanée de la pression. Goûter la viande : elle devrait être presque à point. La retirer de l'autocuiseur tout comme le jus de cuisson, qu'on réservera pour la préparation du plat ou d'une soupe (à moins qu'il soit trop salé). Poursuivre maintenant avec les haricots braisés, en déposant la viande sur les haricots pour la cuisson sous pression.

les légumes

À l'instar de bien des gens, j'ai longtemps préconisé l'étuvage des légumes comme méthode de choix pour la cuisson de tous les jours. Maintenant, je suis bien plus porté à utiliser l'autocuiseur. Il permet de cuire les légumes si rapidement ! Certes, il faut chronométrer l'opération méticuleusement pour ne pas se retrouver avec des légumes trop cuits, mais le gain de temps réalisé en vaut le coup. De plus, l'autocuiseur accueille des quantités d'aliments plus importantes que la plupart des marguerites. C'est donc le choix idéal quand on doit cuisiner pour beaucoup de convives. Pour l'étuvage, on aura besoin d'un autocuiseur muni d'un panier cuit-vapeur, lequel est vendu avec la plupart des modèles actuellement offerts sur le marché. Dans le cas contraire, on peut en improviser un à partir d'un autre ustensile, placé à l'envers s'il le faut, par exemple une marguerite sur pied ou une petite passoire. Remarque : l'autocuiseur ne sert pas qu'à concocter des plats de légumes simples. Le présent chapitre propose d'ailleurs quelques idées de plats plus élaborés.

infos générales

La méthode de cuisson des légumes est presque toujours la même. Déposer les légumes dans le panier cuit-vapeur de l'autocuiseur, contenant 5 à 7,5 cm d'eau. Fixer le couvercle. Une fois la pression maximale atteinte, réduire le feu et poursuivre la cuisson à intensité moyenne pendant la période indiquée. Éteindre le feu et provoquer la détente instantanée de la pression. Dès qu'on peut retirer le couvercle, vérifier le degré de cuisson des légumes. S'ils ne sont pas à point, remettre le couvercle et continuer la cuisson sans pression pendant quelques minutes.

Voici les temps de cuisson que j'ai mesurés avec mon propre autocuiseur. Il se peut qu'un autre appareil exige des temps légèrement différents. Il faut établir ces temps de cuisson de manière empirique, en s'appuyant sur les recettes livrées avec l'autocuiseur. Dans tous les cas, et sauf indication contraire, les temps indiqués correspondent à une cuisson al dente.

Remarque : l'eau d'étuvage peut servir à d'autres préparations, telles que les soupes et ragoûts. Elle aura le goût prononcé des légumes étuvés.

temps de cuisson

Légume	Temps de cuisson	Mode d'évacuation de la vapeur
Chou	2 minutes	instantané
Carottes	3 minutes	instantané
Céleri	2 minutes	instantané
Fenouil	2 minutes	instantané
Haricots verts	2 minutes	instantané
Poireaux	3 minutes	instantané
Panais	5 minutes	instantané
Maïs en épis	5 minutes	instantané
Artichaut	de 15 à 25 minutes	instantané
Courge et citrouille en petits cubes ou en tranches épaisses	de 4 à 5 minutes	instantané

À la fois simples et délicieuses, ces carottes.

carottes au beurre et au gingembre

4 portions

3 ¾ tasses de carottes plutôt petites (450 g), entières, pelées si on le souhaite, sans les extrémités

¼ tasse de beurre (50 g)

2 tranches minces de gingembre frais, hachées finement

200 ml d'eau ou de bouillon de poulet

1 ou 2 c. à thé de jus de citron ou de vinaigre de vin rouge

sel et poivre noir du moulin

coriandre fraîche hachée, pour la garniture

Réunir tous les ingrédients dans l'autocuiseur, à l'exception du jus de citron et du vinaigre. Relever les ingrédients de sel et de poivre noir du moulin. Fixer le couvercle. Une fois la pression maximale atteinte, réduire le feu et poursuivre la cuisson à intensité moyenne de 3 à 5 minutes. (Le temps de cuisson le plus court correspond à une cuisson al dente, tandis que le temps le plus long donne des carottes très tendres.) Tout juste avant de servir le plat, arroser les carottes de jus de citron ou de vinaigre et garnir l'assiette de coriandre hachée.

Ce plat est originaire du Mississippi. Je l'ai adapté d'une recette tirée de *Regional American Cookery*, un livre de Sheila Hibben paru en 1932. Madame Hibben suggère de servir ce maïs sucré en accompagnement du poulet frit ; cela me semble une excellente idée. Si on y tient, on remplace le bacon par de l'huile végétale, mais le résultat final ne sera pas aussi savoureux.

maïs sucré, gombos et tomates

4 à 6 portions en guise d'accompagnement

- 6 oignons verts, hachés finement
- 3 poivrons verts, épépinés et hachés grossièrement
- 2 c. à table de gras de bacon ou d'huile végétale
- 5 ¾ tasses de gombos entiers (500 g)
- 4 tasses (1 l) de tomates broyées (800 g, soit 1 ¼ conserve de 796 ml)
- 1 ¾ tasse de maïs sucré, surgelé (250 g)
- 1 c. à thé de sucre
- sel et poivre noir du moulin

Dans l'autocuiseur, réunir les oignons verts, les poivrons, et le gras ou l'huile. Cuire la préparation à feu doux en la remuant régulièrement, jusqu'à ce que les oignons dégagent une odeur agréable et qu'ils soient ramollis (environ 5 minutes). Ajouter les gombos et bien les retourner dans l'huile. Relever la préparation de sel et de poivre noir du moulin. Ajouter ensuite les tomates. Fixer le couvercle. Une fois la pression maximale atteinte, réduire le feu et poursuivre la cuisson à intensité moyenne pendant 10 minutes. Éteindre le feu et provoquer la détente instantanée de la pression. Goûter un gombo. S'il résiste encore sous la dent, prolonger la cuisson de quelques minutes. Sinon, ajouter le maïs sucré et remettre le couvercle. Prolonger la cuisson sans pression quelques minutes, jusqu'à ce que le maïs soit juste à point. Servir le plat immédiatement.

Ma recette préférée de chou (pommé vert, blanc ou de Savoie) exige quarante-cinq minutes de cuisson au four traditionnel, mais seulement quinze à l'autocuiseur.

chou braisé aux épices

4 à 6 portions

3 c. à table d'huile végétale

½ c. à thé de graines de cumin

½ c. à thé de graines de coriandre

½ c. à thé de graines de fenouil entières

3 gousses d'ail hachées finement

1 gros chou (environ 12 tasses, soit 1 kg), paré et coupé en tranches épaisses

300 ml de bouillon de poulet ou de viande

sel et poivre noir du moulin

Verser l'huile dans l'autocuiseur. Cuire les épices et l'ail à feu doux, jusqu'à ce qu'ils dégagent un parfum agréable (de 3 à 5 minutes environ). Ajouter tous les autres ingrédients. Les saler en les remuant bien. Fixer le couvercle. Une fois la pression maximale atteinte, réduire le feu et poursuivre la cuisson à intensité moyenne pendant 5 minutes. Éteindre le feu et provoquer la détente instantanée de la pression, si l'on souhaite que le chou conserve un peu de croquant. Si, au contraire, on désire du chou plus tendre, laisser la vapeur s'échapper lentement. Servir le chou braisé très chaud ou à température ambiante.

Voici un plat qui se rapproche bien plus du ragoût que de la ratatouille classique, sautée. Cependant, il a tout aussi bon goût et se prépare en un dixième du temps.

ratatouille simple

4 à 6 portions

7 ½ tasses d'aubergines (600 g) coupées en cubes de 2,5 cm

5 tasses de courgettes (600 g) coupées en dés de 2,5 cm

3 grosses gousses d'ail hachées en morceaux

1 gros oignon, haché en morceaux

2 tasses de tomates concassées (400 g, soit les deux tiers d'une conserve de 796 ml)

1 c. à table d'huile végétale

1 c. à thé d'herbes de Provence ou d'autres fines herbes assorties

quelques feuilles de basilic hachées grossièrement

2 c. à table d'huile d'olive extra vierge

Réunir tous les ingrédients dans l'autocuiseur à l'exception de l'huile d'olive. Fixer le couvercle. Une fois la pression maximale atteinte, réduire le feu et poursuivre la cuisson à intensité moyenne pendant 5 minutes. Éteindre le feu et provoquer la détente instantanée de la pression. Vérifier la cuisson des légumes. Si les aubergines résistent encore sous la dent, fixer le couvercle de nouveau et poursuivre la cuisson une minute. Au moment de servir le plat, y incorporer le reste d'huile d'olive et le basilic. Servir la ratatouille très chaude ou à température ambiante.

Voici un plat remarquablement simple et savoureux. Pour le réussir, il suffit d'acheter de petites aubergines, car les grosses ne cuisent pas aussi rapidement si elles sont laissées entières. Ne pas couper les aubergines permet de conserver leur saveur et leur tendreté.

aubergines étuvées au sésame

4 portions

8 à 12 petites aubergines d'environ 10 cm de longueur
1 ½ c. à table d'huile végétale
1 c. à thé d'huile de sésame
2 c. à thé de sauce soya
2 c. à thé de vinaigre de vin rouge ou de cidre
1 tranche mince de gingembre frais, hachée finement
2 oignons verts, hachés finement
quelques feuilles de coriandre fraîche hachées finement
1 c. à thé de graines de sésame
poivre noir du moulin

Chauffer l'autocuiseur, dans lequel on aura préalablement versé 7,5 cm d'eau et installé un panier cuit-vapeur (ou un dispositif semblable). Déposer les aubergines dans le panier. Fixer le couvercle. Une fois la pression maximale atteinte, réduire le feu et poursuivre la cuisson à intensité moyenne pendant 5 minutes. Laisser la vapeur s'échapper lentement.

Entre-temps, préparer la sauce en mélangeant tous les ingrédients, à l'exception de la coriandre et des graines de sésame. Relever la sauce de poivre noir du moulin. (Pas de sel pour l'instant ; la sauce soya est déjà très salée).

Au moment de servir le plat, couper les aubergines en deux dans le sens de la longueur, en laissant un bout de pédoncule sur chaque moitié. Disposer les légumes dans une assiette de service, les arroser de sauce et garnir l'assiette de coriandre. Chauffer les graines de sésame dans une petite poêle jusqu'à ce qu'elles commencent à prendre de la couleur. En parsemer les aubergines, juste avant de servir.

aubergines vapeur

Quand on est fou des aubergines, on aime parfois les manger nature, avec pour seuls accompagnements un peu de gros sel et de poivre noir. Voici la façon de préparer des aubergines de taille moyenne (pesant environ 200 g).

Chauffer l'autocuiseur, dans lequel on aura préalablement versé 7,5 cm d'eau et installé un panier cuit-vapeur (ou un dispositif semblable). Déposer les aubergines entières dans le panier. Fixer le couvercle. Une fois atteinte la pression maximale, réduire le feu et poursuivre la cuisson à intensité moyenne pendant 5 minutes. Éteindre le feu et provoquer la détente instantanée de la pression.

Si on cuisine des aubergines plus grosses, on peut les couper en deux dans le sens de la longueur et les préparer de la même façon.

La cuisson sous pression des courgettes entières permet à ces légumes de conserver toute leur eau. On évite par le fait même de se retrouver avec un légume mou, comme c'est le cas quand on cuit la courgette coupée en tranches. De plus, cette façon de faire exige deux fois moins de temps que l'étuvage classique.

Je propose ici une salade estivale simple ; si on le préfère, on mange les courgettes nature ou on les coupe en tranches pour les sauter avec de l'ail. Ce plat se sert très bien dans une réception.

salade de courgettes et de tomates cerises

6 à 8 portions

- 1 c. à table de vinaigre de vin rouge
- 1 petite gousse d'ail pelée et écrasée
- 10 courgettes entières (environ 750 g au total)
- 2 c. à table d'huile d'olive extra vierge
- 1 c. à table d'huile végétale
- 12 à 16 tomates cerises coupées en deux
- 1 petit oignon rouge haché finement
- les feuilles de 8 à 10 tiges de basilic frais, déchiquetées grossièrement
- sel et poivre noir du moulin
- gros sel, pour la garniture (facultatif)

Au moins une heure avant le repas, mettre le vinaigre, l'ail et une bonne pincée de sel dans un bol. Le vinaigre absorbera une partie des saveurs de l'ail.

Chauffer l'autocuiseur, dans lequel on aura préalablement versé 7,5 cm d'eau et installé un panier cuit-vapeur (ou un dispositif semblable). Déposer les courgettes dans le panier. Fixer le couvercle. Une fois la pression maximale atteinte, réduire le feu et poursuivre la cuisson à intensité moyenne pendant 5 minutes. Éteindre le feu et provoquer la détente instantanée de la pression. Sortir les courgettes de l'autocuiseur et les laisser reposer de 5 à 10 minutes.

Extraire l'ail du vinaigre. Battre celui-ci au fouet avec les huiles ; relever la vinaigrette de sel et de poivre noir du moulin.

Lorsque les courgettes ont suffisamment refroidi pour être travaillées, en retirer les extrémités, puis les couper en tranches plutôt épaisses (environ 1,25 cm), en diagonale. Les disposer dans une assiette de service avec les tomates et les oignons. Arroser l'assiette de vinaigrette et la parsemer de basilic. Servir le plat sans attendre. On peut apporter une touche finale avec un peu de gros sel.

J'adore ce plat classique, mais au four normal, sa préparation est longue et délicate. En revanche, à l'autocuiseur, il est prêt en un tournemain. Remarque 1 : on ne peut cuire plus de quatre endives à la fois ; toutefois, cette quantité correspond tout de même à quatre portions d'accompagnement. Remarque 2 : le gras de canard, si on en a sous la main (environ 2 cuillerées à table), offre une solution de rechange intéressante au beurre.

endives braisées sous pression

4 portions

4 endives blanche très
   fermes
100 ml de fond de poulet,
   bien riche
¼ tasse de beurre (50 g)
sel et poivre noir du
   moulin

Enlever toute feuille brunie ou ramollie, sans toucher aux pieds (ainsi, les têtes résisteront mieux à la cuisson). Chauffer l'autocuiseur, dans lequel on aura préalablement versé au moins 5 cm d'eau et installé un panier cuit-vapeur (ou un dispositif semblable). Réunir les endives, le fond de poulet, le beurre et les assaisonnements dans un plat peu profond allant au four et pouvant être introduit dans l'autocuiseur : un espace d'au moins 2,5 cm est nécessaire entre les parois de ce dernier et celles du plat. Fixer le couvercle. Une fois la pression maximale atteinte, réduire le feu et poursuivre la cuisson à intensité moyenne pendant 5 minutes. Éteindre le feu et provoquer la détente instantanée de la pression. Servir le plat.

Une autre bonne façon d'apprêter les endives.

endives à la crème fraîche

2 portions

2 endives
2 c. à table de crème
   fraîche ou de crème
   sure
2 c. à table de bouillon de
   poulet ou de légumes
sel et poivre noir du
   moulin

Enlever toute feuille brunie ou ramollie, sans toucher aux pieds (ainsi, les têtes résisteront mieux à la cuisson). Chauffer l'autocuiseur, dans lequel on aura préalablement versé au moins 5 cm d'eau et installé un panier cuit-vapeur (ou un dispositif semblable). Mettre les endives dans un plat allant au four et pouvant être introduit dans l'autocuiseur : un espace d'au moins 2,5 cm doit être dégagé entre les parois de ce dernier et celles du plat. Napper les endives de crème fraîche ou de crème sure, puis ajouter du bouillon, du sel et du poivre noir du moulin. Fixer le couvercle. Une fois la pression maximale atteinte, réduire le feu et poursuivre la cuisson à intensité moyenne pendant 5 minutes. Éteindre le feu et provoquer la détente instantanée de la pression. Servir le plat.

Le chou vert frisé est parfois ennuyeux, mais certainement pas apprêté de la façon proposée ici. Idéalement, on utilisera du gras de canard, mais l'huile végétale conviendra aussi.

chou vert frisé braisé

6 portions

3 c. à table de gras de canard ou d'huile végétale
6 échalotes françaises pelées mais laissées entières
12 marrons, pelés et cuits
2 ou 3 bottes de chou vert frisé (environ 12 tasses, soit 1 kg), paré et haché
250 ml de bouillon de poulet ou de légumes
le jus d'un demi-citron
sel et poivre noir du moulin

Dans l'autocuiseur, cuire les échalotes et les marrons dans le gras ou l'huile, à feu moyen. Relever la préparation de sel et de poivre noir du moulin. Poursuivre la cuisson jusqu'à ce que les échalotes commencent à se colorer et à dégager un arôme agréable. Ajouter les ingrédients restants à l'exception du jus de citron, et compacter les feuilles de chou si elles occupent plus des deux tiers de l'autocuiseur.

Fixer le couvercle. Une fois la pression maximale atteinte, réduire le feu et poursuivre la cuisson à intensité moyenne pendant 2 minutes. Éteindre le feu et provoquer la détente instantanée de la pression, si l'on souhaite que le chou demeure ferme sous la dent. Si, au contraire, on désire un légume plus tendre, laisser la vapeur s'échapper lentement. Verser le contenu de l'autocuiseur dans un grand bol de service, l'arroser de jus de citron et mélanger.

Voici un de mes plats de légumes préférés. La cuisson brève atténue la saveur de réglisse du fenouil, et la vinaigrette l'adoucit encore davantage.

fenouil à l'huile d'olive

4 portions d'accompagnement

2 gros bulbes de fenouil parés, coupés en deux ou en quatre

2 c. à table de bouillon de poulet

2 c. à table d'huile d'olive extra vierge

1 c. à thé de vinaigre balsamique

sel et poivre noir du moulin

gros sel et frondes de fenouil hachées, pour la garniture (facultatif)

Chauffer l'autocuiseur, dans lequel on aura préalablement versé au moins 5 cm d'eau et installé un panier cuit-vapeur (ou un dispositif semblable). Déposer le fenouil dans un plat allant au four et pouvant être introduit dans l'autocuiseur : un espace d'au moins 2,5 cm doit être dégagé entre les parois de ce dernier et celles du plat. Ajouter le bouillon et la moitié de l'huile, bien mélanger les ingrédients, et relever la préparation de sel et de poivre noir du moulin. Fixer le couvercle. Une fois la pression maximale atteinte, réduire le feu et poursuivre la cuisson à intensité moyenne, pendant 3 minutes pour une cuisson al dente, ou pendant 5 minutes pour un légume parfaitement tendre. Éteindre le feu et provoquer la détente instantanée de la pression. Retourner le fenouil dans l'huile restante et le vinaigre. Décorer le plat de gros sel et de frondes hachées.

les puddings et les desserts

L'autocuiseur ne permet pas de réussir tous les genres de puddings. Mais ce qu'il fait, il le fait très bien. En tête de liste viennent les puddings vapeur. Mon ami Matthew Fort les considère comme la principale contribution de la Grande-Bretagne à la cuisine du monde, et j'abonde en ce sens. Les puddings vapeur se prêtent parfaitement à l'autocuiseur. En outre, ils sont prêts en bien moins de temps que leurs homologues classiques, soumis à un long étuvage. J'en propose ici deux versions, ainsi qu'une variante originaire de la Nouvelle-Angleterre, préparée selon le même principe. Je donne aussi des recettes de fruits pochés et de puddings au riz. Toute bonne recette de ce type s'adapte à la cuisson sous pression : au lieu de pêches, on prendra des pommes, des poires, des prunes ou des nectarines; au lieu de l'éponge au chocolat, on fera une éponge au citron, à l'orange… L'essentiel est de suivre la méthode exposée ici. Jamais bec sucré n'aura été comblé aussi rapidement !

Cette recette vient de Jessica Ford, qui l'a elle-même tirée de *Step by Step Cookery* de Marguerite Patten, publié en 1964, après avoir été conquise par ce plat chez sa grand-mère. Ce pudding est extraordinairement délicieux. Jessica a d'ailleurs écrit : « Une fois rentrées à la maison d'une visite chez mes grands-parents, ma sœur et moi n'avons cessé de tourmenter ma mère pour qu'elle prépare ce pudding vapeur. »

pudding vapeur au chocolat

4 à 6 portions

½ tasse de beurre légèrement salé (100 g), et un peu plus pour graisser le moule

½ tasse de sucre semoule doré (100 g)

2 œufs moyens

1 c. à thé d'extrait de vanille

¾ tasse de farine autolevante (100 g)

1 c. à table de poudre de cacao de bonne qualité

2 c. à table de chocolat noir râpé

environ 1 c. à table d'eau chaude

crème 35 %, crème fraîche ou crème anglaise au chocolat bien chaude, en guise d'accompagnement au moment de servir

Beurrer un moule à pudding de verre allant au four et possédant une capacité de 1,2 litre. Saupoudrer le beurre d'une fine couche de sucre semoule. Dans un autre bol, battre les œufs. Les verser lentement dans le moule. Y incorporer l'extrait de vanille en mélangeant les ingrédients.

Entre-temps, chauffer l'autocuiseur, dans lequel on aura préalablement versé au moins 5 cm d'eau et installé un panier cuit-vapeur (ou un dispositif semblable).

Tamiser la farine et la poudre de cacao. Les incorporer délicatement dans le mélange d'œufs et de beurre, avec le chocolat. Ajouter une cuillerée à table d'eau chaude afin de rendre la préparation assez fluide pour qu'elle coule aisément d'une cuillère.

Verser l'appareil dans le moule préparé. Ne remplir qu'aux trois quarts (en prévision de l'expansion). Prendre un carré de papier sulfurisé (papier parchemin) double, assez grand pour déborder le moule de quelques centimètres, et exécuter un pli en prévision de l'expansion. Beurrer la surface qui se trouvera à l'intérieur du moule, et fixer le papier, sans le tendre, à l'aide d'une ficelle : faire passer la ficelle sur le moule et l'attacher du côté opposé, de manière à obtenir une anse.

Introduire le moule dans le panier cuit-vapeur, fermer l'autocuiseur sans fixer le couvercle, et cuire le pudding pendant 15 minutes. Il est essentiel de procéder ainsi pour que la préparation lève.

Fixer maintenant le couvercle. Une fois la pression maximale atteinte, réduire le feu et poursuivre la cuisson à intensité moyenne pendant 25 minutes. Éteindre le feu et provoquer la détente instantanée de la pression. Retirer le moule de l'autocuiseur en le soulevant par l'anse de ficelle. Passer la lame d'un couteau à l'intérieur du moule, et en renverser le contenu dans une assiette. Servir le pudding accompagné de crème 35 %, de crème fraîche ou, comme anciennement, de crème anglaise au chocolat bien chaude.

Je tiens cette recette de Jessica Ford, qui a elle-même adapté celle d'*English Food* de Jane Grigson. Jessica a mangé du pudding sussex pond pour la première fois à l'école, dans le Sussex. Elle affirme «en avoir gardé un souvenir impérissable pendant des années. C'est un pudding qui sort de l'ordinaire d'autant plus qu'il réserve des surprises». Jessica a remplacé la graisse de rognon de bœuf traditionnelle par du beurre congelé et râpé. Remarque: je dois beaucoup à l'ouvrage *The Cook's Companion* de Josceline Dimbleby pour ses explications sur le travail de la pâte.

pudding sussex pond

6 portions

2 tasses de farine autolevante (250 g), et un peu plus pour saupoudrer

½ tasse de beurre congelé (125 g)

environ 75 ml de lait mélangé à 75 ml d'eau

1 gros citron à l'écorce non cirée (préférablement bio)

½ tasse de cassonade blonde tassée (100 g) ou d'un mélange de cassonade blonde et de sucre semoule

½ tasse de beurre coupé en morceaux (100 g), et un peu plus pour graisser le moule

crème 35 % ou crème fraîche, en guise d'accompagnement au moment de servir

Bien beurrer un moule à pudding de verre allant au four et possédant une capacité d'un litre. Mettre la farine dans un grand bol et y râper le beurre congelé. Mélanger la pâte au couteau (et non avec les doigts, afin que la chaleur de ceux-ci ne ramollisse pas le beurre trop rapidement). Peu à peu, verser assez de lait pour obtenir une pâte souple. Ramasser la pâte en une boule et la laisser reposer quelque temps, puis l'abaisser de manière à obtenir un grand disque. En découper un quartier (imaginer un cadran et couper la partie correspondant à l'espace situé entre midi et 3 h) et le mettre de côté; il servira de couvercle. Soulever délicatement le reste du disque de pâte et foncer le moule à pudding. Coller ensemble les bords coupés en pressant de manière à obtenir un joint bien net.

Laver le citron et le piquer profondément en plusieurs endroits à l'aide d'une brochette métallique. Verser la moitié du sucre dans le moule, puis la moitié du beurre coupé en morceaux. Poser le citron sur la préparation, puis ajouter le sucre et le beurre restants. Abaisser le quart de pâte mis de côté afin d'obtenir un couvercle. Le déposer sur le moule à pudding. Enlever l'excédent au couteau ou le rabattre.

Beurrer une feuille de papier sulfurisé (papier parchemin) double. Faire un pli au milieu de celle-ci et la poser sur le moule sans la tendre, côté beurré vers l'intérieur. Recouvrir le moule de papier d'aluminium, fixé par une ficelle: faire passer la ficelle sur le moule et l'attacher du côté opposé, de manière à obtenir une anse.

Chauffer l'autocuiseur, dans lequel on aura préalablement versé au moins 5 cm d'eau et installé un panier cuit-vapeur (ou un dispositif semblable). Introduire le moule dans le panier cuit-vapeur, fermer l'autocuiseur sans fixer le couvercle, et cuire le pudding pendant 15 minutes. Il est essentiel de procéder ainsi pour que la préparation lève.

Fixer maintenant le couvercle. Une fois la pression maximale atteinte, réduire le feu et poursuivre la cuisson à intensité moyenne pendant 30 minutes. Éteindre le feu et provoquer la détente instantanée de la pression. Retirer le moule de l'autocuiseur en le soulevant par l'anse de ficelle. Passer la lame d'un couteau à l'intérieur du moule, et, sans attendre, renverser précautionneusement son contenu dans une assiette. Servir le pudding accompagné de crème 35 % ou de crème fraîche. Décorer chaque portion d'un morceau de citron.

variations sur le thème du pudding vapeur

Le répertoire culinaire britannique propose des dizaines de versions de puddings vapeur, et rien n'empêche de les adapter à la cuisson sous pression. On peut faire l'essai d'une des versions suivantes, en remplaçant la poudre de cacao et la vanille de la recette du *pudding vapeur au chocolat* (page 130) par les ingrédients indiqués.

pudding au gingembre et à la cannelle
1 c. à thé de gingembre en poudre
2 tranches épaisses de gingembre frais, pelées et hachées finement
1 c. à thé de cannelle en poudre

pudding à la confiture
2 c. à table de confiture de framboises ou de fraises

Étendre uniformément la confiture au fond du moule, puis déposer le pudding sur celle-ci.

pudding à la marmelade
2 c. à table de marmelade

Étendre uniformément la marmelade au fond du moule, puis déposer le pudding sur celle-ci.

pudding à l'orange
le jus et le zeste râpé d'une orange

pudding au citron
le jus et le zeste râpé d'un citron

Ce dessert est inspiré d'une recette reproduite dans *The United States Regional Cook Book*, publié sous la direction de Ruth Berolzheimer en 1947. Il se prépare aussi à base de mûres ou de canneberges. Si on opte pour les canneberges, ajouter ¼ tasse de sucre (50 g).

pudding aux bleuets de la Nouvelle-Angleterre

6 portions

- 1 tasse de farine tout usage (125 g)
- 1 ½ c. à thé de levure chimique
- ½ c. à thé de sel
- ½ tasse de beurre coupé en dés (125 g), et un peu plus pour graisser le moule
- ¼ tasse de chapelure sèche (25 g)
- ½ tasse de sucre cristallisé (100 g)
- 1 œuf battu
- 150 ml de lait
- 1 ¾ tasse de bleuets (250 g)
- crème fraîche ou crème champêtre, en guise d'accompagnement au moment de servir

Beurrer un moule à pudding de verre allant au four et possédant une capacité d'un litre ou de 1 ½ litre. Tamiser la farine, la levure chimique et le sel dans un grand bol. Y incorporer le beurre à l'aide de deux couteaux, puis ajouter la chapelure et le sucre. Bien mélanger les ingrédients. Enfin, incorporer l'œuf et le lait à la préparation, bien mélanger de nouveau, puis ajouter délicatement les bleuets.

Verser l'appareil dans le moule préparé. Ne remplir qu'aux trois quarts, en prévision de l'expansion. Prendre un carré de papier sulfurisé (papier parchemin) double, assez grand pour déborder le moule de quelques centimètres, et faire un pli en prévision de l'expansion. Beurrer la surface qui se trouvera à l'intérieur du moule, poser la feuille sans la tendre sur le moule, et la fixer à l'aide d'une ficelle : faire passer la ficelle sur le moule et l'attacher du côté opposé, de manière à obtenir une anse.

Chauffer l'autocuiseur, dans lequel on aura préalablement versé au moins 5 cm d'eau et installé un panier cuit-vapeur (ou un dispositif semblable). Introduire le moule dans le panier cuit-vapeur, fermer l'autocuiseur sans fixer le couvercle, et cuire le pudding pendant 15 minutes. Il est essentiel de procéder ainsi pour que la préparation lève.

Fixer maintenant le couvercle. Une fois la pression maximale atteinte, réduire le feu et poursuivre la cuisson à intensité moyenne pendant 35 minutes. Éteindre le feu et provoquer la détente instantanée de la pression. Retirer le moule de l'autocuiseur en le soulevant par l'anse de ficelle.

Passer la lame d'un couteau à l'intérieur du moule, puis en renverser le contenu dans une assiette. Servir le pudding accompagné de crème fraîche ou de crème champêtre, si on le souhaite.

Voici un dessert extrêmement simple, qu'on peut enrichir à sa guise. Le pudding au riz est bon servi accompagné de confiture de framboises ou de fraises, si on tient vraiment à se sucrer le bec.

pudding au riz

4 portions

200 ml de riz

600 ml de lait, de préférence 3,25 %

4 c. à table de sucre cristallisé

¼ à ¾ tasse de raisins de Smyrne, aussi appelés sultana (50 à 100 g)

½ c. à thé de cannelle moulue

2 c. à table de crème 35 %

Réunir tous les ingrédients à l'exception de la crème dans un bol résistant à la chaleur et pouvant être introduit dans le panier cuit-vapeur : un espace d'au moins 2,5 cm doit être dégagé entre les parois du bol et celles de l'autocuiseur. Fixer le couvercle. Une fois la pression maximale atteinte, réduire le feu et poursuivre la cuisson à intensité moyenne pendant 15 minutes. Éteindre le feu et laisser la vapeur s'échapper lentement.

Dans l'autocuiseur, le pudding restera chaud pendant une bonne vingtaine de minutes. Ajouter la crème juste avant de servir les assiettes.

Ruthie Falconer, qui est à l'origine de la recette suivante, sert ces pêches avec du miel et de la crème fraîche. Si le goût sucré du miel ne nous fait pas envie, on peut se contenter de présenter les fruits accompagnés de crème fraîche ou de crème 35 %. Le résultat sera tout aussi intéressant.

les pêches pochées de Madame Falconer

4 portions

200 ml d'eau ou de vin rosé
1 bâton de cannelle
1 clou de girofle
2 capsules de cardamome
4 belles pêches, pas trop mûres, coupées en deux et dénoyautées
2 à 3 c. à table de sucre blond cristallisé
miel et crème fraîche, en guise d'accompagnement au moment de servir

Chauffer l'eau ou le vin avec les épices pendant quelques minutes, soit au micro-ondes, dans le bol qui sera utilisé pour la cuisson à la vapeur, soit dans une petite casserole. Chauffer l'autocuiseur, dans lequel on aura préalablement versé au moins 5 cm d'eau et installé un panier cuit-vapeur (ou un dispositif semblable). Réunir tous les ingrédients dans un plat allant au four et pouvant être introduit dans l'autocuiseur : un espace d'au moins 2,5 cm doit être dégagé entre les parois de ce dernier et celles du plat.

Introduire le plat dans le panier vapeur. Fixer le couvercle. Une fois la pression maximale atteinte, poursuivre la cuisson à intensité moyenne de 6 à 7 minutes, ou de 8 à 9 minutes si on veut des pêches très molles. Éteindre le feu et provoquer la détente instantanée de la pression. Laisser refroidir la préparation. Servir le dessert en proposant du miel ou de la crème fraîche, présentés à part.

les puddings aux fruits

Pour les repas à la bonne franquette, les fruits pochés comptent parmi mes desserts préférés : ils sont prêts en un tournemain, et leur cuisson proprement dite s'effectue en un clin d'œil. Lorsque les pêches ne sont pas de saison (c'est-à-dire en dehors de la fin de l'été et du début de l'automne), différentes solutions de rechange s'offrent à nous :

poires au porto
pommes au cidre
prunes reines-claudes au muscat
prunes pourpres au porto

index

Autres crédits photo :

p. 30 © eli_asenova/iStock
p. 85 © Anton Ignatenco/iStock
p. 98 © Alasdair Thomson/iStock
p. 123 © arnaud weisser/iStock

remerciements

J'offre d'abord mes remerciements à la maison d'édition Kyle Cathie Books, la meilleure dont puisse rêver un auteur de livres de cuisine. Je tiens tout particulièrement à saluer la responsable de la rédaction de mon projet, Catharine Robertson.

Les photographies du présent ouvrage sont le fruit de la remarquable collaboration entre trois personnes ; complexe, celle-ci s'explique mal en peu de mots et reçoit rarement les honneurs qui lui sont dus. On a d'abord informé Sue Rowlands de l'apparence que devaient avoir les plats. Partant de là, elle a choisi les cadres de présentation, des arrière-plans aux plats de service en passant par les fourchettes, les cuillères et les couteaux. Jane Lawrie a quant à elle cuisiné et assemblé les plats, selon les recommandations de Sue. Enfin, Will Heap, s'appuyant sur le travail de ces deux talentueuses collaboratrices, a transformé cette « matière première » (si j'ose m'exprimer ainsi !) en photographies d'une rare beauté, qui véhiculent l'essence de chaque plat. Il se décrit lui-même comme « celui qui appuie sur un bouton après que tout le monde a travaillé d'arrache-pied pour accoucher de quelque chose d'innovateur et de créatif ». Cette modestie est touchante, mais la boutade comporte un élément de vérité. J'adresse donc mes remerciements les plus vifs et les plus humbles à toutes ces personnes ainsi qu'à Mark Latter, qui est à l'origine de l'admirable conception de l'ouvrage.

Je tiens à adresser mes remerciements particuliers à différentes personnes pour leurs conseils et leur aide. J'ai adapté certaines recettes de livres sur l'autocuiseur. J'en remercie chaleureusement les auteurs — ils sont tous mentionnés dans leurs recettes respectives — pour leur expertise : John Whiting, spécialiste chevronné de l'autocuiseur, qui a partagé ses vues avec moi ; Jessica Ford et Celia Dodd, qui ont partagé leurs recettes de pudding pour l'autocuiseur.

J'offre mes remerciements à la société Tefal UK, fournisseur de l'autocuiseur qui m'a permis de m'initier à cette merveilleuse méthode de cuisson et qui me rend encore de précieux services. Merci à Slice PR, qui a organisé le prêt d'un autocuiseur Tefal tout neuf pour la séance photo. Merci enfin à Sharon Boundy de UK Guinea Fowl (www.ukguineafowl.co.uk), qui nous a procuré de magnifiques plumes pour les photographies, et ce, dans des délais extrêmement serrés.

Naturellement, je tiens à remercier mon épouse, Emma Dally, ainsi que mes filles Rebecca, Alice et Ruth. Elles ont goûté les fruits parfois douteux de mon labeur et y sont allées de commentaires pertinents lorsque les choses tournaient mal. Je suis tout particulièrement redevable à ma vieille amie Jane Walker, qui nous a souvent tenu compagnie, à ma femme et moi, durant la dégustation des plats. Elle-même a goûté bon nombre de mes expériences, et les a le plus souvent appréciées.